高等教育土建类融媒体新形态教材

高速公路概论

主　编　罗俊礼

副主编　黄　胜

参　编　胡雪钦　黄瑞丽　李泽国　赵　迪　刘　静

U0367564

机 械 工 业 出 版 社

本书共分 8 章，主要内容包括：绪论，国家高速公路发展规划，高速公路建设管理体制及法律法规，高速公路设计，高速公路施工，高速公路交通工程及沿线设施，高速公路景观设计及环境保护，智慧高速公路系统。

本书以现行国家及行业的工程技术标准、规范为依据，介绍高速公路行业的前沿技术和行业发展趋势。本书的编写遵循教材理论紧密联系实际的原则，助力推广普及新技术、新方法的研究和应用，以期适应高速公路行业的快速发展，并满足当前高校人才培养和教学的具体需求。

在强化大学生工程伦理教育的背景下，本书编者深入梳理课程内容，结合专业特点、思维方法和价值理念，挖掘课程思政元素，有机融入本书，方便任课教师组织开展相关教学，培养学生精益求精的大国工匠精神，激发学生科技报国的家国情怀和使命担当。

本书配套丰富的辅助教学资源，登录机械工业出版社教育服务网可免费下载相关资源。本书还配有 MOOC，登录国家开放大学学习网可观看全套授课视频。

本书主要作为高等院校土木工程（道路桥梁方向）、交通工程、交通运输工程及其他相关专业本科教材，也可作为高速公路设计、施工和管理人员的参考书。

图书在版编目（CIP）数据

高速公路概论/罗俊礼主编. —北京：机械工业出版社，2024. 3
高等教育土建类融媒体新形态教材
ISBN 978-7-111-75255-4

Ⅰ. ①高… Ⅱ. ①罗… Ⅲ. ①高速公路–概论–高等学校–教材
Ⅳ. ①U412. 36

中国国家版本馆 CIP 数据核字（2024）第 049084 号

机械工业出版社（北京市百万庄大街22号　邮政编码100037）
策划编辑：冷　彬　　　　　　　　责任编辑：冷　彬
责任校对：马荣华　丁梦卓　闫　焱　封面设计：王　旭
责任印制：任维东
河北鑫兆源印刷有限公司印刷
2024年6月第1版第1次印刷
169mm×239mm · 13.25印张 · 227千字
标准书号：ISBN 978-7-111-75255-4
定价：38.00元

电话服务　　　　　　　　　网络服务
客服电话：010-88361066　　机　工　官　网：www.cmpbook.com
　　　　　010-88379833　　机　工　官　博：weibo.com/cmp1952
　　　　　010-68326294　　金　书　网：www.golden-book.com
封底无防伪标均为盗版　　机工教育服务网：www.cmpedu.com

前　言

经过 30 多年的不懈努力，我国高速公路的发展取得了举世瞩目的巨大成就。特别是近 10 年，在高速公路的建设、收费、管理等方面发展迅猛。截至 2022 年 12 月 31 日，我国高速公路总里程达到 17.7 万 km，远超其他国家，稳居全球第一。截至 2022 年年底，全国高速公路不停车快捷收费 ETC 使用率为 75.98%（客车 ETC 使用率超过 70%，货车 ETC 使用率超过 53%）；省界收费站也全部取消，公路出行越发便捷。为了适应高速公路行业的快速发展，近 10 年来公路行业更新了很多工程技术标准和规范。同时，行业对专业人才的技能需求也发生了转变。

本书编者基于我国高速公路近 10 年来发展的巨大成就，依据现行的国家标准和行业规范，对高速公路建设与管理的全过程进行了系统性介绍。本书概括性强，内容精练，内容涉及规划、设计、施工、管理等多个方面，紧跟行业发展趋势，及时反映行业发展现状。本书的编写注重基本概念和基本理论的准确阐述，对重点、难点讲述详尽。全书体系合理，系统全面，适应社会经济的飞速发展和技术创新的步伐，也很好地满足了当前高校人才培养和教学的具体需求。

本书在编写时注重价值塑造、知识传授与能力培养相统一，并根据国务院和教务部关于"将思想政治教育贯穿人才培养体系和全面推进高校课程思政建设"的相关文件精神，科学设计教学目标和教学内容，将思政教育有机融入其中，达到润物无声的育人效果。

湖南开放大学罗俊礼担任本书主编，并负责全书大纲的确定以及统稿、定稿。具体的编写分工为：第 1 章、第 2 章、第 7 章由罗俊礼编写，第 3 章由湖南开放大学（益阳分校）李泽国编写，第 4 章由湖南开放大学胡雪钦编写，第 5 章由湖南开放大学（郴州分校）黄瑞丽编写，第 6 章由湖南开放大学黄胜编写，第 8 章由湖南第一师范大学赵迪和湖南工程职业技术学院刘静共同编写。

为使读者获得更加便捷、高效的学习体验，本书编者制作了本课程的全媒体数字资源，读者可以扫描书中二维码获取学习资源。

本书在编写过程中得到湖南开放大学、中南大学相关领导和专家的大力支持，在此一并表示感谢。

由于编者水平和经验有限，书中难免存在疏漏和错误，衷心希望广大读者批评指正。

编　者

目　录

第 1 章

绪论

1.1 高速公路的概念、特征和构成

1.1.1 公路的等级

　　公路等级有不同划分角度，在我国按公路技术等级划分为五个等级。按公路行政等级划分为五个等级。

1. 公路技术等级

　　公路等级是表示公路通车能力和技术水平的指标。根据我国现行的《公路工程技术标准》（JTG B01—2014），公路按使用任务、功能和适应的交通量，从

高到低划分为高速公路、一级公路、二级公路、三级公路、四级公路五个等级。另外，在我国现有公路总里程中，还有一部分数量的公路达不到最低技术等级（四级公路）的要求，称为等外公路。其中，高速公路和一级公路同属于高等级公路，二级公路居中，三级、四级为低等级公路。

1）高速公路为专供汽车分方向、分车道行驶，全部控制出入的多车道公路。高速公路的年平均日设计交通量宜在 15000 辆小客车以上。

2）一级公路为供汽车分方向、分车道行驶，可根据需要控制出入的多车道公路。一级公路的年平均日设计交通量宜在 15000 辆小客车以上。

3）二级公路为供汽车行驶的双车道公路。二级公路的年平均日设计交通量宜为 5000～15000 辆小客车。

4）三级公路为供汽车、非汽车交通混合行驶的双车道公路。三级公路的年平均日设计交通量宜为 2000～6000 辆小客车。

5）四级公路为供汽车、非汽车交通混合行驶的双车道或单车道公路。双车道四级公路能适应每昼夜中型载重汽车交通量 1500 辆以下。单车道四级公路能适应每昼夜中型载重汽车交通量 200 辆以下。

高速公路与一级公路同属于高等级公路。相比一级公路，高速公路全程控制车辆进出，为全封闭汽车专用公路；一级公路是全封闭、半封闭或开放式公路，可根据需要部分控制车辆进出，适用场合比高速公路广泛，但技术指标相对较低。

2. 公路行政等级

公路按行政等级可分为国家公路、省公路、县公路和乡公路（简称为国道、省道、县道、乡道）及专用公路五个等级。一般把国道和省道称为干线，县道和乡道称为支线。各级连接成一个整体，共同形成国家公路网。

（1）国道

国道是指公路网中具有全国性经济、政治意义的干线公路，包括重要的国际公路，国防公路，连接首都与各省、自治区首府和直辖市的公路，连接各大经济中心、港站枢纽和战略要地的公路。

国道编号标志由字母"G"和数字组成。国道公里桩编号，一般用红色文字数字标记。普通国道编号规则：以北京为放射线，以"1"开头；南北纵线，以"2"开头；东西横线，以"3"开头。

（2）省道

省道是指具有全省（自治区、直辖市）经济、政治意义，连接省内中心城市和主要经济区的公路，以及不属于国道的省际间的重要公路。省道编号以省级行政区域为范围编制，由字母"S"和数字组成。编号规则与国道相似。

（3）县道

县道是指具有全县（县级市）经济、政治意义，连接县城和县内主要乡（镇）、主要商品生产和集散地的公路，以及不属于国道、省道的县际间公路。县道编号由字母"X"和数字组成。

（4）乡道

乡道是指主要为乡（镇）内部经济、文化、行政服务的公路，以及不属于县道以上公路的乡与乡之间及乡与外部联络的公路。乡道编号由字母"Y"和三位数字组成。村道是指直接为农村生产、生活服务，不属于乡道及以上公路的建制村之间和建制村与乡镇联络的公路。

（5）专用公路

公路网中还有一部分由工矿、农林、军队等部门投资修建，主要为该部门使用的公路，称为专用公路。

根据《公路路线标识规则和国道编号》（GB/T 917—2017），中国高速公路适用的行政等级为国道及省道。高速公路与行政等级分类下的国道或省道，互为交叉关系，即高速公路在路网中可以是国道或省道的一部分。城市道路系统中，快速路可采用高速公路标准建设。

1.1.2 高速公路的概念

高速公路简称高速路，是指专供汽车高速行驶的公路。在不同国家地区、不同时代和不同的科研学术领域，高速公路的概念有不同的界定。根据《公路工程技术标准》（JTG B01—2014）规定：高速公路为专供汽车分向行驶、分车道行驶，全部控制出入的多车道公路。中国高速公路年平均日设计交通量宜在15000 辆小客车以上，设计速度为每小时 80~120km，主要技术指标见表 1-1。

表 1-1　中国高速公路主要技术指标

设计速度	80km/h、100km/h、120km/h、60km/h（特殊路段）
道路规模	双向四车道以上、单向两车道以上
车道宽度	3.75m、3.5m（应急车道）
曲线半径	400m、700m、1000m（设计速度 80km/h、100km/h、120km/h 下的一般值）
最大纵坡	3%~6%
通行能力	日均 15000 辆次小客车以上（双向四车道）
载荷等级	公路-Ⅰ级
使用年限	15 年以上

1.1.3 高速公路的特征

高速公路相比普通公路安全快捷、道路平直、线路顺畅、纵坡缓和，其整体结构有以下特征：

（1）只供汽车高速行驶

为了保证行驶的安全和快捷，禁止非机动车和行人使用，杜绝其他路面交通工具的干扰。《高速公路交通管理办法》规定，行人、非机动车、拖拉机、农用运输车、电瓶车、轮式专用机械车、全挂牵引车、设计最高速度低于 70km/h 的机动车禁行高速公路；实习期驾驶员禁止无陪同驾车进入高速公路。

（2）设置多条车道和中央分隔带

高速路面一般设有 4 条以上的车道，适应较大车流量。中间设置分隔带，将往返方向车辆完全隔离，避免相对向的车辆发生剐擦或相撞。

（3）全部控制出入口

高速公路全线封闭，只准车辆在指定的一些叉口进入或者离开高速公路，减少进出车辆对正线车速和安全的干扰。这是高速公路区别于普通公路的根本特征。

（4）设跨线立体交叉

全程路段没有平面交叉口，与其他线路采用立体交叉通过。消除其他公路、铁路等的横向阻碍。

（5）完善的附属设施

如齐全的标志、标线、防撞护栏等交通安全设施；监控系统、收费系统、通信系统、供配电与照明系统等交通管理设施；应急救援设施和高速服务区等交通服务设施。

（6）采用大半径曲线形设计

高速公路平面线形大多以圆曲线加缓和曲线为主，常采用大半径曲线形设计，既要避免长直线又要避免急转弯。

（7）铺设高级路面

高速公路路面多采用磨光值高的坚质材料（如改良沥青），以减少路面损坏、路表液面飘滑和射水等现象。

1.1.4 高速公路的构造组成

高速公路是建在陆地上的供各种汽车车轮荷载的重复作用

高速公路的特征
与构造组成

并经受各种自然因素长期影响的带状空间结构物。因此，公路不仅要有平顺的线形、缓和的纵坡，还要有坚固稳定的路基、平整和抗滑性好的路面，及牢固可靠的桥梁、隧道，以及必要的防护工程和附属设施，以满足公路交通的要求。可以认为公路工程由线形和结构两大部分组成。

1. 线形组成

（1）路线

路线是指道路的中线。线形是指道路中线在空间的几何形状和尺寸。道路中线是一条三维空间曲线，由直线和曲线组成。

（2）平、纵面线

在道路线形设计是从平面线形、纵面线形和空间线形（又称平、纵组合线形）三个方面来研究的。

2. 结构组成

公路结构组成主要包括路基（横断面组成，路基排水）、路面、桥涵、隧道、立体交叉、匝道，以及交通安全设施、交通管理设施、防护设施、服务设施、路用房屋及其他沿线设施、道路绿化等。

高速公路横断面组成结构包括路基路面、行车道（主道、匝道和辅助车道）、中间分隔带、路肩（硬路肩和保护性路肩）、路堤边坡、边沟等基础构造部分。其中，行车道包括主道、匝道和辅助车道几大部分。主道即车行道，根据不同数量由左向右依次设为超车道、快车道和慢车道（行车道）。匝道形式复杂多样，根据具体功能细分立交匝道、加速车道、减速车道、引道、集散车道以及转向匝道等。辅助车道有应急车道（紧急停车带）、掉头车道、爬坡车道、避险车道及降温池车道等。

1.2 | 世界高速公路的发展

1.2.1 德国高速公路发展

世界上第一条高速公路诞生于德国。德国的现代化交通政策可追溯到1919年通过的德国宪法。根据这一宪法，1921年在柏林修建了一条长约10km的"汽车、交通及练习公路"（简称Avus）。这条公路拥有上下行分离的行车道并且取消了平面交叉，这在当时的德国是首次，可以被看作是高速公路最早的雏形。真正符合现代高速公路标准的第一条高速公路是1932年建成的科隆到波恩的双向四车道全部立体交叉的汽车专用公路。由于战争的需要，1933 年德国通过了"关于设立帝国高速公路企业"的法律，规划了 4800km 的高速公路网络。到 1942 年，德国建设完成了 3860km 的高速公路，并有 2500km 的高速公路在建设。战后，原帝国高速公路改称为"联邦高速公路"。1957 年和 1970 年分别制定了两个扩建计划，联邦高速公路规模翻了一番。到 1999 年，德国高速公路通车里程已达 1.15 万 km，5 万人以上的城市全部开通高速公路，5 万人以下的城市有 90% 开通高速公路。其中，9 条高速公路与邻国相通，构成了欧洲最庞大的高速公路网，对整个欧洲的交通运输发展具有十分突出的影响。截至 2017 年，德国的高速公路总里程为 1.29 万 km。

近年来，德国的高速公路建设总里程鲜少增加，但许多路段交通量很大，如 A9 高速公路每天车流量达 139100 辆；其经营理念不是修建新的道路，而是对现有道路进行改造和挖潜，如投资 80 万欧元，加设了 100 处监控设备信息设备，紧急停车道开放为临时行车道，每小时增加车流量达 1500 辆，大大提高了通行效率。德国在高速公路和城市交通管理中，运用了许多先进的交通通信信息技术手段，为交通管理提供了有效可靠的技术保证和为道路使用者提供优质的服务。其主要措施就是交通智能化，以智能化来提高通行能力和使道路使用者达到安全、舒适和高效。德国高速公路通信信息化发展趋势是人、车、路融为一体。首先是一切以人为中心，以人为本，个人信息化，驾车人无论何时何地均能获取任何信息，人在出行前能获取道路的任何信息，人在车上能获取道路及其他任何信息，并提供相关信息，其他人也能获取行车人及车辆的有关信息；其次是汽车智能化，车变成了流动办公室，成为提供信息和发布信息的重要工具；三是路变为综合信息平台，适应人的需求。可以看出，德国的交通管理水平具有较高的智能化水平，人、车、路成为交通信息化的重要组成部分，先进的管理有效推动经济良性发展。

1.2.2 美国高速公路发展

美国是世界上公路交通最发达、高速公路路网最完善的国家之一，被称为"车轮上的国家"。其高速公路网的建成，提高了运输效率，扩大了资源和商品的流通，促进了社会的发展和科学技术的进步，并在很大程度上影响了美国人的生活方式。1916 年，第一次世界大战期间美国为满足国防发展需要，制定了联邦资助公路法案，全面开始发展公路建设。1937 年，美国在加利福尼亚州建成了第一条长 11.2km 的高速公路。1944 年美国提出了"州际高速公路系统"

的概念，确定了州际高速公路系统 6.44 万 km 的规划总长度，当时预计能承担全国公路总交通量的 20%~25%，并适应未来 20 年的交通需求；同时确立了以联邦和州立法形式予以保障高速公路建设，规定凡列入国家规划的高速公路建设都能得到联邦政府的资金援助。真正大规模建造高速公路，还是冷战爆发后。艾森豪威尔当政时期，为了推动经济发展，1957 年州际与国防高速公路网正式投资建设。20 世纪 50 年代初~70 年代末，美国的高速公路建设发展速度很快，平均每年建成 3000km。20 世纪 80 年代后期，美国高速公路网已基本形成。到 2020 年美国的高速公路总里程达到 11 万 km，位居世界第二。但美国的公路总长为 685 万 km，仍然位居世界第一。

现阶段的美国高速公路建设已经可以满足国内交通运输、国防建设及国民经济发展的需要。今后建设的重点是完善高速公路与航空、铁路及水运等各种交通运输方式之间的联运，加强对高速公路系统的科学管理和维护，提高运力，降低交通事故。

1.2.3　加拿大高速公路发展

1949 年，加拿大联邦政府发布相关法规，规定了新的公路规划和公路建设投资体制，计划修建从纽芬兰到温哥华，跨越 10 个省、全长 7725km 的干线公路。1967 年，加拿大开始修建多车道、分道行驶的高速公路。到 2009 年年底，加拿大高速公路增加到 1.7 万 km。加拿大高速公路在促进沿线地区工业走廊的形成、加拿大国民经济结构的改变、对外贸易的日益繁荣、交通运输结构的优化和运输技术水平提高以及城乡合理布局等方面发挥重要作用。

1.2.4　日本高速公路发展

日本国土狭小，人口密度大，汽车工业十分发达，机动车人均保有量居世界前列。日本是世界上公路密度最大、综合交通系统最先进的国家，公路的通车里程达 120 万 km，面积密度约 3.2km/km²。1997 年日本高速公路总长为 5860km，占公路总长的 0.51%，却承担了公路运输总量的 25.6%。日本高速公路建设起步较晚，高速公路建设开始于战后，尽管当时日本正处于战后恢复期，但仍于 1957 年颁布了多个相关法规正式批准并实施建设 7 条纵贯国土、总长 3700km 的高速公路。1966 年日本又制定了新的高速公路修建计划，提出：至 2000 年，建设 32 条、总长 7600km 的高速公路，日本全国 1h 可到达高速公路的地区占 70%；2h 可到达高速公路的地区占 90%。在 1987 年又提出了到 2015 年建设 14000km 高标准干线公路的目标，其中，国家干线高速公路增加到 11520km；加强 10 万人以上地方中心城市的联系；强化东京、名古屋、京阪神三大城市环行和绕行高速公路；加强重要港口、机场等客货源集中地的连接；在全日本形成从城市、农村各地 1h 可到达高速公路的干线网络；建设在出现灾害时有可靠替代其他运输方式的高速公路网；消除已有高速公路中交通严重拥堵的路段。

1.2.5 法国高速公路发展

二战后，法国在恢复国民经济的基础上，加速公路建设，大力发展高速公路，扩大基础设施建设。1955 年制定了《汽车公路法》，规定特许经营高速公路可以收取通行费。1956 年又提出十年计划，从 1960 年起开始建设城市间高速公路，到 1970 年初步建成包括从里昂到巴黎、马赛高速公路在内的 1600km 干线高速公路网。法国实行的高速公路特许经营制，大大加快了高速公路的建设步伐。1971～1985 年，又建成高速公路 4000km，逐步构成了运输畅通的全国公路网络。

1.2.6 世界高速公路发展特征

世界各国高速公路的发展具有以下几个特征。

1. 城市高速公路发展异常迅速

在一些发达国家，由于城市人口集中，工商业十分发达，城市内汽车保有量的增长比郊外快得多。由此，高速公路的建设大多从城市的外环路和辐射路以及城内交通量大的路段开始，最后逐渐形成以高速公路为骨架的城市道路网。以美国为例，美国的公路运输量有 50% 以上集中于大城市，纽约是世界上高速公路最多的城市，已达到 1300 多 km。城市高速公路的发展，缓解了城市交通的矛盾。

2. 高速公路向全球化方向发展，形成国际高速公路网

随着全球经济一体化的发展，公路运输市场不再是一个国家、一个地区的市场，而是一个全球性市场。相邻国家之间合作修建高速公路，促成了国际高速公路网的形成，成为调整公路发展的大趋势。为了更好地发挥高速公路效益，加强国际间的公路运输联系，一批发达国家把主要高速公路连接起来，构成国际高速公路网。其中已经规划和正在实现的高速公路网包括以下四个。

（1）欧洲高速公路网

这是统一编号命名、统一道路标识的覆盖欧洲大陆的高速公路网。1975 年 11 月在日内瓦通过了"关于国际干线公路的欧洲协定（简称 AGR）"，将欧洲国际干线公路统一编号、统一道路标识。其中东西向公路包括横贯全欧，东起奥地利维也纳，经荷兰、法国，西至西班牙的瓦伦西亚高速公路，全长约 3200km。此外，瑞士至奥地利、西班牙至葡萄牙、瑞典、丹麦、挪威、保加利亚、德国、匈牙利、捷克等国的高等级公路已连接成网。南北向公路包括纵贯全欧，北起丹麦的哥本哈根，经德国和奥地利，南至意大利罗马的高速公路，全长 2100km；另一条纵贯全欧洲，北起波兰的格但斯克，经捷克、奥地利、意大利等国，南至叙利亚、伊拉克和伊朗，全长 500km；还有一条北起俄罗斯的圣彼得堡，经波兰、匈牙利、罗马尼亚、保加利亚、希腊，最终到土耳其的伊斯坦布尔，长约 200km。

（2）欧亚大陆国际公路

欧亚大陆国际公路网是指将欧洲与亚洲的公路直接连接、跨越欧亚大陆的世界高等级公路网络。该路东起日本东京，经首尔、平壤、北京、河内、达卡、新德里、德黑兰、莫斯科、华沙、柏林、波恩、巴黎（或经巴格达、布达佩斯、维也纳、慕尼黑到巴黎），最后到达伦敦。该工程将穿过日本海峡、博斯普鲁斯海峡、厄勒海峡、费马斯海峡、英吉利海峡和比利牛战山、阿尔卑斯山等，将亚洲和欧洲的公路网连接在一起。此项计划已得到有关国家的一致同意，正分别实施。

（3）泛美公路网

泛美公路网是贯穿整个美洲大陆的公路系统。北起阿拉斯加，南至火地岛，全长约 48000km，主干线自美国阿拉斯加的费尔班克斯至智利的蒙特港，将近 26000km。除了巴拿马到哥伦比亚（达连隘口）之间仍未修建公路以外，美洲大陆各国都通过这个公路网连接起来。

（4）亚洲公路网

亚洲公路网由亚洲境内具有国际重要性的公路线路构成，包括大幅度穿越东亚和东北亚，南亚和西南亚，东南亚及北亚和中亚等一个以上次区域的公路线路。亚洲公路网全长 141204km，将亚洲 32 个国家的公路连接起来，并将接入欧洲公路网，已统一编号和标识。我国境内的路段全长 25579km，占整个亚洲公路网的 19%。2000 年，在亚洲开发银行的倡导下，中国、老挝和泰国政府达成合作协议，共同修建昆明曼谷高等级公路。昆曼公路从云南省省会昆明市经老挝到达泰国首都曼谷，全长约 1800km，在中国、老挝、越南境内规划建设的里程分别为 688km、247km、813km，于 2008 年 12 月正式通车。这条建于崇山峻岭中的公路是亚洲公路网的重要干道，也是澜沧江湄公河次区域国家间经济合作交流的重要通道。这条公路与马来西亚和新加坡的陆上通道连成一体，为中国东盟自由贸易区的建设提供快捷的通道。

3. 高速公路建设向信息化、智能化方向发展

虽然高速公路极大地提高了通行能力，但修建道路的空间都是有限的。如何最大限度地提高路网的通行能力，智能交通系统将是一个比较理想的方向。同时，高速公路将着眼于道路的多功能利用，不仅使用路面，还要利用空间，向信息化方向发展。也就是说，公路不仅具有运输人和物的固有交通功能，还能输送电力等能源及各种信息，加之道路所派生出来的美化环境、提供出游、抗灾避难及作为建造其他建筑物的基础等空间功能，使高速公路真正成为多功能公路。

1.3 我国高速公路的跨越式发展

拓展阅读

我国高速公路发展的奇迹

自 1978 年改革开放以来，40 多年的时间，我国高速公路从无到有，规模从零不断扩大，进而成为世界第一，实现了跨越式发展！我国是高速公路建设的"后来者"，也是"赶超者"。发达国家实现高速公路网络的基本完善往往需要用半个多世纪时间，而我国却仅用了 30 年。2012 年 12 月，高速公路通车总里程达到 9.6 万 km，首次超越美国；截至

中国高速公路的
跨越式发展

2022 年年底，高速公路总里程建成 17.7 万 km，稳居世界第一，并远高于其他国家。毫无疑问，我国高速公路发展的 40 多年，是我国现代史上交通发展最快的时期，可以说是创造了人类历史上交通发展的奇迹。四通八达的高速公路铺展在中华大地上，贯通南北、畅行东西、蜿蜒纵横、连接四海！

党的二十大报告明确提出"加快建设交通强国"这一战略目标。我国高速路网络快速形成，不断加密，逐渐完善，运输保障能力不断提升，人民群众出行更加便捷，成为经济社会高速发展的强力"引擎"。

1.3.1 我国高速公路发展的必要性

1. 我国高速公路发展顺应了经济社会快速发展的迫切需要

改革开放以来，我国经济社会快速发展，区域协调发展战略稳步推进，区域间经济加快融合。在 20 世纪 80、90 年代，经济社会发展带来的运输需求急剧增长，严重滞后的交通运输能力与不断增长的交通运输需求之间的矛盾成为制约我国经济社会发展的"瓶颈"。解决"瓶颈"制约是当时交通工作的中心任务。而人员、资源的跨区域流动，货物流通半径的扩大，都对高速公路的建设提出了迫切需求。我国高速公路的持续快速发展，正是顺应了经济社会快速发展的需要。

高速公路作为国家重要的基础性、先导性、服务性设施，对国民经济发展具有重要的支撑作用。高速公路大量的固定资产投资，对国家经济的直接带动和促进作用十分明显。同时，高速公路经济效益的外溢性特点十分突出，对生产力布局、产业结构和产品供给、吸引投资产生深刻影响，促进资源在更大范围内的合理配置，促进区域经济向市场化、社会化、专业化发展，并促进沿线的产业拓展、商业繁荣和旅游业开发，使高速公路沿线逐步演变为产业带，高速公路的互通立交常常也是产业园区和商品集散地。高速公路进一步加强了城市、工业中心、商贸中心、机场港口以及对外口岸等交通枢纽的联系，对改善投资环境、扩大沿线对外开放、促进外向型经济发展和加快城市群形成作用显著。实践证明，长江三角洲、珠江三角洲和环渤海三大城市群的渐次成形和经济快速发展，都与该地区高速公路的快速发展密切相关。

可以说经济发展的旺盛需求，为高速公路建设发展提供了强劲动力；反过来，高速公路的快速发展也成为经济腾飞的助推器。

2. 中国高速公路发展适应了社会进步和民生改善的强烈需要

进入 21 世纪后，我国百姓的消费结构向注重"住、行"和提高生活品质为导向转变，这成为推动我国经济增长的新生力量。人民群众的出行需求呈现快速增长，出行的品质要求越来越高。消费结构升级、人民生活品质的快速提高对公路交通的发展，特别是对以安全、舒适、便捷、高效为特征的高速公路的发展提出了更高要求。

20 世纪 80 年代，汽车开始进入我国家庭，经过 40 多年的时间，中国的汽车消费已经完全由高端消费转变为大众消费。截至 2021 年 9 月，全国机动车保有量达 3.90 亿辆，其中汽车 2.97 亿辆；对比 1981 年的 199 万辆，40 年的时间增长了约 150 倍。2021 年我国成为 100 年来首个汽车保有量超过美国的国家。越来越多的普通家庭可以使用汽车，并通过高速公路网络实现空间移动的机动性和灵活性。高速公路的建设发展加快了小汽车进入家庭的步伐，汽车保有量的快速增加也进一步刺激了高速公路的建设需求。

高速公路作为现代化公路基础设施，封闭性强，建设标准较高，在平均行车速度大幅度提高的同时，安全性、舒适性都比普通公路大为提高。人们对于安全舒适出行，拓展出行范围及距离，提升空间机动性，以及个性化、多样化、灵活性出行的追求，都需要高速公路的发展作为支撑。也成为高速公路跨越式发展的重要动因。

3. 我国高速公路发展是完善综合运输体系、优化运输结构的内在需要

在综合运输体系中，公路运输是覆盖面最广、承担社会运量最大、与百姓生活联系最为密切的运输方式，具有"门到门"、机动灵活的特殊优势。同时，公路运输还具有有效连接其他运输方式的功能，在完善综合运输体系中发挥着十分重要的作用。高速公路作为现代化公路基础设施，具有运输距离长、运输能力大、运输速度快、运输机动性强等特点，是公路网的主骨架，在综合运输网中发挥骨干作用。高速公路网的形成，有效提升了我国公路网整体技术等级，使公路网的结构更加合理，从而更好地发挥了公路运输的技术优势，完善了综合运输体系。

截至 2022 年年底，高速公路通车里程达到 17.7 万 km，稳居世界第一。我国高速公路只占公路网总里程的 3.0%，却承担了公路交通 20% 以上的行驶量。由于具有高效便捷的特点，一条四车道高速公路的日通行能力，至少是两车道普通二级公路的 7~8 倍；六至八车道高速公路的日通行能力更高，这显著提升了公路交通通道的通行能力。同时，随着高速公路连接成网，以及路网覆盖范围的整体扩大，公路运输的平均运距得到提高，相邻两城市之间距离在 400km 以内的可以当日往返，1000km 以内的可以当日到达，跨区域、跨省运输的优势得到发挥。综合考虑油耗、汽车磨损、时间节约等多种因素，高速公路的运输成本比普通公路约降低 30%。可见，高速公路的发展增强了综合运输通道的运力和运量，优化了运输结构，使公路交通与其他运输方式形成互补和良性竞争，全面提升了综合运输体系的效率和服务质量。

高速公路的发展还有效促进各种运输方式的衔接，为港口、铁路、民航等其他运输方式及城际快速轨道交通提供快速接驳转运的基础保障，对发挥各种运输方式的比较优势和整体效率，实现集约高效和可持续发展具有重要意义。

1.3.2 我国高速公路发展的历程与成就

回顾我国高速公路发展历程，大致经历了五个发展阶段：1978 年—1988 年的起步阶段，1989 年—1997 年的稳步发展阶段，1998 年—2007 年的加快发展阶段，2008 年—2015 年的跨越式发展阶段，以及 2016 年以来的全面深化改革和规范发展阶段。

1. 起步阶段（1978 年—1988 年）

这一时期，社会各界对修建高速公路的问题非常关注，对于"中国要不要修建高速公路"的问题认识并不统一。1982 年党的十二大会议以后，交通运输方面专家及社会上的部分有识之士建议修建高速公路的呼声日益高涨。1983 年召开的交通运输技术政策论证会等一系列会议上，与会代表就我国高速公路的建设问题进行了热烈讨论。一些专家提出，建设由北京经天津至塘沽的高速公路，是解决京津间交通拥堵和塘沽新港疏港问题的最好办法。1984 年《人民日报》《经济日报》相继发表文章，认为高速公路能带来良好的社会和经济效益，我国需要修建高速公路。但当时仍有反对建设高速公路的声音，认为高速公路属于专为小汽车服务的"高消费"产品，我国小汽车少，用不着花费巨资、占用大量土地建设高速公路。

1984 年，辽宁沈（阳）大（连）公路以一级汽车专用公路的标准开工建设，实际上建成后已达到高速公路技术标准。此后，沪（上海）嘉（兴）、西（安）临（潼）、广（州）佛（山）三条长度不超过 20km 的高速公路经省级主管部门审批立项建设。同年 12 月第一条经国务院批准建设的高速公路京津塘高速开始分段陆续建设。以后陆续一批交通量大的干线公路，如北京—石家庄、武汉—黄石、合肥—南京、济南—青岛、成都—重庆等，都是先按一级、二级汽车专用路开展前期工作，后逐渐正名为高速公路。

1988 年可以说是我国内地高速公路的"元年"。1988 年 10 月 31 日，全长 20.5km（其中达到高速公路标准的路段长 15.9km）的沪嘉高速公路一期工程通车；11 月 4 日，沈大高速公路沈阳至鞍山和大连至三十里堡两段共 131km 建成通车。到 1988 年年底，我国内地高速公路总里程达到 147km，实现了"零的突破"，彻底结束了我国内地没有高速公路的历史。

这一时期，交通部在高速公路建设资金方面进行了积极的研究和探索，并向国家提出对公路建设给予政策支持。1984 年，国务院召开第 54 次常务会议，决定实施加快公路建设的三项政策，即提高养路费征收标准；开征车辆购置附加费；允许对贷款或集资修建的高等级公路和大型公路、桥梁、隧道收取车辆通行费，用于偿还贷款等。这些政策对我国高速公路发展起到至关重要的作用。

2. 稳步发展阶段（1989 年—1997 年）

1988 年以后，沪嘉和沈大两条高速公路通车运营，获得了良好的经济效益，社会反响巨大，有关高速公路建设的社会舆论和各界的观点开始向有利的方向转变。交通部适时于 1989 年 7 月在辽宁沈阳召开了我国高速公路发展历史上具有里程碑意义的"高等级公路建设经验交流现场会"。

这次会议明确指出：高速公路不是要不要发展的问题，而是必须发展。参会人员达成共识：在交通量大的地区修建高速公路十分必要。"沈阳会议"为高速公路建设扫清了思想和理论上的障碍，使我国高速公路建设开始走上了正轨。认识的统一，为我国高速公路的发展奠定了基础，拉开了高速公路快速发展的序幕。同时，会议提出的政策措施，对我国后来确立"统筹规划、条块结合、分级负责、联合建设"的公路建设基本方针，以及"国家投资、地方筹资、社会融资、利用外资"的高速公路建设投融资政策等，具有深远影响。

1990 年，全长 371km，被誉为"神州第一路"的沈大高速公路全线建成通车，标志着我国高速公路发展进入了一个新的时代。1993 年，我国第一条利用世界银行贷款建设的跨省的高速公路京津塘高速公路建成通车。1992 年交通部制定了"五纵七横"国道主干线规划并付诸实施，从而为我国高速公路持续、快速、健康发展奠定了基础。

1993 年 6 月，我国高速公路发展历史上具有划时代意义的全国公路建设工作会议在山东济南召开。这是我国高速公路发展史上迄今为止规模最大、规格最高、效果最佳、影响最深远的一次会议。此次会议主题是部署 2000 年跨世纪公路建设上新台阶的任务，并研究加快公路建设的政策措施。会议确定了我国公路建设将以高等级公路为重点实施战略转变，同时明确了 2000 年前我国公路建设的主要目标是：集中力量抓好高等级公路建设，"两纵两横"（两纵为北京至珠海、同江至三亚，两横为连云港至霍尔果斯、上海至成都）国道主干线应基本以高等级公路贯通；"三个重要路段"（北京至沈阳、北京至上海和重庆至北海）力争建成通车，形成几条对国民经济和社会发展具有重要战略意义的大通道。

"济南会议"后，全国掀起了高速公路建设新高潮。这时期，公路行业努力克服在高速公路建设上缺乏经验、缺乏技术标准、缺乏人才和缺乏设计施工技术等诸多困难，突破高速公路建设的多项重大技术"瓶颈"，积累了设计、施工、监理和运营等全过程建设和管理的经验。到 1997 年年底，我国高速公路通车里程达到 4771km，相继建成了沈大、京津塘、成渝、广深、济青等一批具有重要意义的高速公路。

这一时期，我国高速公路建设在法规制度、战略规划、科技应用、投融资、工程项目管理等方面也取得长足发展，通过了第一部规范公路建设和管理的法律——《中华人民共和国公路法》。提出并推进了国道主干线规划，加大了对公路科研、前期工作和人才技术等方面的投入，制定并完善了收费公路政策，明确了"贷款修路收费还贷"，积极运用市场机制，采取多渠道、多层次、多形式、多元化筹集建设资金，逐步形成了"国家投资、地方筹资、社会融资、利用外资"的投融资体制，建立起交通基础设施重点项目前期工作制度和公路项目管理的法人制、招标投标制、工程监理制、合同管理制等四项基本制度。总之，这一阶段形成的政策、措施和制度一直延续至今，对我国高速公路跨越式发展起到了重要作用。

3. 加快发展阶段（1998 年—2007 年）

1998 年，为应对东南亚金融危机对我国的不利影响，党中央、国务院做出了"实施积极财政政策和较为宽松的货币政策，加快各项基础设施建设"，扩大内需，稳定经济增长的决策，决定重点实施公路、铁路、通信、环保、农林及水利等基础设施建设，而公路建设是重中之重。

为此 1998 年交通部在福州市召开了"全国加快公路建设工作会议"。会议明确将公路建设投资规模由原计划的 1200 亿元调增至 1600 亿元，银行贷款也开始大规模进入公路建设领域。具有战略意义，也为改变我国公路交通滞后局面带来了极好的机遇。交通系统各级领导要充分认识肩负的崇高使命，以高度的政治责任感，积极行动起来，采取有力措施，确保完成今年和未来几年的建设任务。

1998 年成为我国高速公路建设史上的另一个重要年份，全年新增高速公路里程 3962km，总里程达到 8733km，当时位居世界第六位。这一年不仅创下了我国年度建设高速公路的新纪录，而且将高速公路建设计划目标的实施提前了一大步；全年实际完成公路建设投资 2168 亿元，比 1997 年增长 72.6%；"五纵七横"规划中的大部分高速公路项目开工建设，全国在建高速公路里程超过 1.26 万 km，为"十五"时期我国建成近 2 万 km 高速公路奠定了坚实的基础。

随着亚洲金融危机影响的加剧，1998 年下半年交通部又将当年公路投资追加到 1800 亿元。此后，针对加快公路建设中出现的质量不平衡、投资进度不够快等新问题，交通部很快扭转了质量隐患上升的苗头，加速了投资进度，确保了高速公路里程在质量稳步提高的前提下实现大幅度增长。亚洲金融危机给我国经济带来了严重的挑战，但同时也给我国公路建设提供了难得的机遇，自此我国高速公路里程开始以举世震惊的速度飞速增长。

1999年，党中央、国务院做出了西部大开发的重大战略部署，强调"必须加强基础设施建设，近期要以公路建设为重点"。交通部认真落实中央精神，于2000年7月在四川成都召开了"西部开发交通基础设施建设工作会议"，提出了加快建设8条西部开发省际通道的任务。8条西部省际通道作为"五纵七横"国道主干线在西部地区的重要补充和延伸，成为整个西部地区省会城市、重要工业城市、矿产基地、边境贸易口岸之间的高等级公路通道，同时也是西部地区与中部地区的重要联络线。

1998年—2000年公路建设步伐的加快，使"九五"期间（1996年—2000年）我国高速公路建设突飞猛进，5年新增通车里程1.3万km。1999年10月，我国高速公路里程突破1万km，达到11605km，跃居世界第四位。到2000年年底，我国高速公路里程达到16285km，位居世界第三位。

进入"十五"期间（2001年—2005年），我国高速公路迎来了"丰收的季节"。在积极财政政策的推动下，在全行业的艰苦努力下，5年共建成高速公路2.47万km。2001年年底，高速公路总里程达到1.94万km；2002年11月1日，高速公路里程突破2万km；2004年10月27日，高速公路总里程突破3万km；2005年年底，高速公路里程突破4万km，达到4.1万km，仅次于美国，位居世界第二位。"十五"期间国道主干线中的"两纵两横三个重要路段"全部建成。交通部又组织力量编制了新的《国家高速公路网规划》（"7918"网 ⊖），并由国务院于2004年12月下发。

在"十一五"时期（2006年—2010年）交通部明确交通工作的主要目标，要求"基本形成国家高速公路网骨架，'五纵七横'国道主干线和西部开发省际通道全部建成"。到2007年年底，高速公路里程迈上了5万km的台阶，达到5.39万km。到2008年年底，高速公路里程突破6万km，达到6.03万km。其中，河南、山东两省突破4000km，广东、江苏、河北、浙江四省突破3000km。到2007年年底，经过15年的艰苦努力，总里程3.5万km的"五纵七横"国道主干线系统比原计划提前13年基本贯通，国家高速公路骨架初步成

⊖ 7条首都放射线、9条北南纵向线和18条东西横向线，简称"7918"网。

网，高速公路网对经济社会发展的推动作用更加显著。我国高速公路的建设只用了十几年就走完了西方发达国家几十年才走完的发展历程，这个速度在其他任何国家都是不可想象的。

4. 跨越式发展阶段（2008 年—2015 年）

为应对美国次贷危机对我国的不利影响，2008 年 11 月 5 日国务院常务会议做出"进一步扩大内需、促进经济增长"的决定，其中把加快交通基础设施和民生工程建设作为扩大内需的重要举措，在资金投入、项目审批等方面予以倾斜。这又一次为交通运输业实现新的发展提供了机遇。为此公路行业以国家高速公路建设为重点，进一步加快了建设步伐。

2009 年，我国全年完成公路建设投资超过 9668 亿元，同比增长 40%，是"十一五"时期（2006 年—2010 年）投资同比增长最快的一年。同年年底，我国高速公路里程达到 6.51 万 km。2010 年，我国公路建设投资历史性地突破了万亿元大关，高速公路里程突破 7 万 km，达到 74113km。截至 2010 年年底，全国公路总里程突破 400 万 km，达到 400.82 万 km。

"十一五"时期（2006 年—2010 年）的 5 年间，完成公路建设投资 4 万亿元，5 年新增高速公路里程 3.31 万 km。8.5 万 km 的国家高速公路网规划完成了 67.9%，达到 5.8 万 km；西部开发 8 条省际通道基本贯通。从 2001 年高速公路通车里程跃居世界第二位，到"十一五"末的 2010 年年底，我国高速公路里程增加了 5.47 万 km，基本建成了全国性的高速公路运输主通道。这一成就的取得仅用了 9 年时间，路网整体的社会和经济效益得以充分发挥。据统计，"十一五"时期全社会高速公路建设累计投资达 2 万亿元，直接拉动 GDP 增长约 3 万亿元，拉动相关行业的产出累计约 7 万亿元。为促进沿线产业布局和外向型经济发展，有效应对金融危机拉动经济增长做出了重要贡献。

"十二五"时期（2011 年—2015 年），在调整后的《国家高速公路网规划》（"71118"网）的指引下，全国高速公路建设取得历史性新突破。5 年的时间，公路累计完成投资 7.1 万亿元，是"十一五"时期投资的 1.74 倍，全国高速公路建设实现跨越式发展。2012 年，我国高速公路通车里程达 9.6 万 km，首次超越美国，位居世界第一。

到 2015 年年底，全国高速公路通车里程达 12.4 万 km，其中，国家高速公路 9.3 万 km、"7918"高速公路覆盖了全国 97.6% 的城镇人口 20 万以上的城市。随着京哈、京沪、青银、沪渝等一批长距离、跨省的高速公路大通道相继贯通，拥挤路段相继扩容改造完成，我国主要公路运输通道交通运输紧张状况得到明显缓解，长期存在的运输能力紧张状况得到明显改善。高速公路的快速发展，大大缩短了省份之间、重要城市之间的时空距离，加快了区域间人员、商品、技术、信息的交流速度，有效降低了生产运输成本，在更大空间上实现了资源有效配置，拓展了市场，对提高企业竞争力、促进国民经济发展和社会进步都起到了重要的作用。高速公路也日益改变着人们的时空观念和生活方式。

5. 全面深化改革和规范发展阶段（2016 年以来）

经过改革开放以来 40 多年的发展，我国公路交通运输历经了从"瓶颈制约"到"总体缓解"，再到"基本适应"的发展历程，公路规模总量已位居世界前列，其中高速公路总里程已稳居世界第一位。截至 2022 年年底，高速公路通车里程达到 17.7 万 km，远超世界其他国家。全国公路通车总里程 528 万 km，高速公路对 20 万以上人口城市覆盖率超过 98%，已经实现了国务院在《"十三五"现代综合交通运输体系发展规划》中提出的目标。我国在过去的 20 多年里创造了人类历史上最大规模的交通革命，在交通基础设施建设方面取得了显著成就，从世界"交通小国"发展成为世界"交通大国"，有力地支撑了世界现代史上最大经济奇迹的创造。世界银行高度评价我国高速公路建设的成就：世界上还没有任何其他国家，能够在如此短的时间内，大规模提高其公路资产基数。

过去 40 多年的时间里，公路行业始终把加快交通基础设施建设、扩大基础设施供给能力、提高交通运输服务的质量和水平作为主要任务，使包括高速公路在内的交通基础设施在"量"的积累上具备了一定的规模，交通运输紧张状况已实现总体缓解。但与此同时，随着经济社会的快速发展、国家公路网的逐步连线成网及国家财税体制改革的推进，高速公路快速发展积累下来的一些深层次问题也逐步显现，如收费公路管理、建养资金不足、公路建设债务等涉及交通法规、体制机制和管理体系的问题，以及环境、土地约束等外部制约等。高速公路建设与发展的深化改革的问题已经引起行业内外的广泛关注。

党的十八大尤其是十八届三中全会以来，国家全面深化改革的战略部署对包括高速公路在内的公路交通发展提出了更高要求。2015 年中央经济工作会议做出引领经济新常态、推进供给侧结构性改革的重大决策。同年，新的《中华人民共和国预算法》出台实施，《收费公路管理条例》修订稿正式面向社会公开征求意见，公路行业事权和财税体制改革有序推进，对《收费公路管理条例》"贷款修路、收费还贷、统贷统还"等政策产生了深刻影响。交通运输部提出了以普通公路为主的非收费公路体系和以高速公路为主的收费公路体系的"两个公路体系"总体思路。这一系列政策调整，使高速公路建设和发展步入了新的阶段。

"十三五"时期（2016年—2020年），高速公路发展步入全面深化改革与规范发展的关键时期，从注重里程规模和速度转向更注重科学合理的可持续发展。

2014年交通运输部的工作报告《深化改革务实创新加快推进"四个交通"发展》提出：面对新阶段新形势新任务新要求，交通运输稳发展的基本面没有变，但发展条件和环境正在发生深刻复杂变化；交通运输转方式调结构的任务十分紧迫，推进转型升级面临不少困难和挑战；交通运输深化改革的难度前所未有，面临体制机制障碍等突出问题；交通运输惠民生的要求日益提高，改进和提升服务质量是一项重要而长期的任务。综合分析形势任务，立足于交通运输发展的阶段性特征，更好地实现交通运输科学发展，服务好"两个百年目标"。当前和今后一个时期要全面深化改革，集中力量加快推进"四个交通"发展。加快发展智慧交通是推进交通运输管理创新的重要抓手，是提升交通运输服务水平的有效途径，也是推动交通运输转型发展的重要支撑。加快发展绿色交通是建设生态文明的基本要求，是转变交通运输发展方式的重要途径，也是实现交通运输与资源环境和谐发展的应有之义。加快发展平安交通是以人为本的本质要求，是服务民生的最大前提，也是实现交通运输科学发展的基础条件。综合交通是核心，智慧交通是关键，绿色交通是引领，平安交通是基础，"四个交通"相互关联，相辅相成，共同构成了推进交通运输现代化发展的有机体系。会议还提出，坚持稳中求进工作总基调，把改革创新贯穿于加快综合交通、智慧交通、绿色交通、平安交通"四个交通"发展的各个领域各个环节，始终坚持安全第一，加快转方式调结构，着力提质增效升级，着力提升运输服务质量，着力推进综合交通运输体系发展，着力服务民生改善，实现交通运输持续健康发展。

1.4 我国高速公路发展彰显国力、体现社会主义制度优越性

交通运输是国民经济的基础产业之一，对促进经济和社会发展、加强国家安全、提高综合国力和改善人民生活都具有重要的基础性作用。我国地域辽阔，人口众多，地区经济基础和地理环境差异很大，历史上交通基础设施过于薄弱。因此，交通运输业历来是国家扶持和发展的重点。

改革开放以来，随着我国综合国力的不断增强，社会主义制度集中力量办大事的优势得到了充分发挥。我国高速公路比美国、德国等主要发达国家起步晚了几十年，但发展迅速，仅用十几年时间就走完了发达国家几十年的发展道路。以沈大高速公路为例，作为国家"七五"时期（1986年—1990年）的重点

建设项目，是当时我国公路建设项目中规模最大、技术含量高、质量要求严的艰巨工程。在当时的条件下，建设中遇到的最突出的矛盾是资金问题。作为股份制商业银行的招商银行率先给予沈大高速公路建设贷款，使我国高速公路建设迈出了"贷款修路、收费还贷"的第一步。为建成这条公路，辽宁省政府提出了"政治动员，行政干预，经济补偿，各方支援"的建设方针，举全省之力建设沈大高速公路，并带动了全国范围内的高速公路建设。

20世纪90年代是我国国民经济实现第二步发展战略目标的10年，是形成全方位、多层次、宽领域的对外开放格局的10年，是社会主义市场经济体制初步建立的10年，也是人民生活水平由温饱向总体实现小康转变的10年。这一时期，经济和社会发展对交通运输的需求进一步增强，地方各级政府和广大人民群众改变交通落后状况的呼声日益高涨。面对这一形势，国家把交通发展放在重要位置，特别是为高速公路发展创造了良好的社会氛围和外部条件。1992年，随着党的十四大的召开，我国经济发展和对外开放进入了一个新的发展阶段。交通部及时研究国家新的发展形势，提出交通运输上新台阶的目标和深化改革、扩大开放、加快发展的政策措施，有力地调动了社会各界齐心协力办交通的积极性，"要想富、先修路，要快富、修高速"成为各级政府和广大人民群众的共识。在征地拆迁、工程用地等方面，地方党委政府和广大人民群众给予高速公路建设极大的支持并做出了巨大的贡献，使高速公路的发展驶入了"快车道"，建设步伐明显加快。

1998年，党中央、国务院审时度势，为应对亚洲金融危机对我国经济的巨大影响，提出并实施积极财政政策和较为宽松的货币政策，以保持国民经济的持续健康发展。积极财政政策的实施则对我国公路，尤其是高速公路的发展提供了一次难得的机遇。为贯彻落实党中央、国务院扩大内需、确保国民经济持续健康发展的重大决策，各级政府把加快公路建设摆在突出的位置，人民群众积极支持，形成了集中力量加快公路建设的良好态势。交通系统广大职工齐心协力、艰苦奋斗，1998年当年完成公路建设投资2168亿元，比上一年增长了72.6%，提前两年实现了"九五"时期（1996年—2000年）的规划目标，对扩大内需、拉动国民经济增长起到了积极的作用。

2008年，我国为应对美国次贷危机带来的不利影响，实施新一轮积极财政政策，这为基础设施建设尤其是高速公路建设带来了又一次发展机遇。各级交通部门抓住机遇，加大了公路建设投资力度，显著加快了高速公路建设步伐。2009年，我国完成公路建设投资超过9668亿元，同比增长40%以上；2010年，公路建设投资历史性地突破万亿元大关。"十二五"时期（2011 年—2015 年），公路建设投资规模进一步扩大，高速公路年均新通车里程接近 1 万 km，2012 年我国高速公路里程跃居世界第一位。在这一轮"促内需、保增长"的战略实施中，我国高速公路迎来了历史上发展最快的时期，实现了跨越式发展。为应对1998 年和 2008 年两次国际金融危机，我国实施积极的财政政策和稳健的金融政策，将基础设施建设作为重点投资方向，都为我国高速公路的发展提供了难得的历史机遇。

高速公路建设资金需求量大、涉及面广、建设周期长，要使高速公路建设保持较快的发展速度，必须紧紧依靠各级党委、政府和人民群众，形成推进发展交通事业的强大合力。各级政府把发展交通纳入重要议事日程，作为工作重点倾力推进，人民群众迫切要求改变交通落后面貌，在"要想富、先修路"的共识下，积极配合、大力支持公路建设，有力地促进了高速公路的发展。我国高速公路的跨越式发展体现了决策迅速、集中力量、全国一盘棋的社会主义制度的优势，是我国高速公路发展速度远远快于发达国家的重要原因之一。

与发达国家相比，我国高速公路起步晚、基础差，但发展时间短、速度快，呈现出跨越式飞速发展的特点。主要发达国家实现高速公路网络的基本完善，前后往往需要用半个多世纪的时间，而我国在远低于发达国家的起点上启程，仅用了 30 年时间就完成了超越。仅一代人的时间，我国交通面貌发生了翻天覆地的变化，其中作为重要标志的高速公路，其发展速度之快、规模之大、范围之广，在世界现代交通发展史上绝无仅有。

我国高速公路建设发展的历程既艰苦卓绝，又辉煌灿烂。高速公路的开拓者与建设者们创造性地探索出一条符合中国国情、具有中国特色的高速公路发展道路。相较以公共财政、政府投资建设为主的美国模式，以及贷款建设、收费还贷特许经营的日本和欧洲模式，我国作为社会主义国家，在高速公路起步建设时面临经济基础薄弱、政府财力不足等特殊国情，既不能照搬他国经验，又缺乏历史经验可循。通过不断地创新和摸索，在借鉴中发展、在学习中改造、在继承中创新，逐步形成了自己特有的发展模式。这种模式既充分发挥了社会主义制度集中统一、政府主导的优势，又充分运用市场机制灵活多样、激发调动全社会的力量，可以说是集成了发达国家两种主要模式的优势，闯出了自己的路子，从而推动了我国高速公路又好又快的发展。高速公路的发展见证了中华民族的崛起，是中国特色社会主义市场经济体制的成功典范，是中国人民引以为傲的杰作。

进入"十四五"时期以来，随着我国开启全面建设社会主义现代化新征程、转向高质量发展阶段，出行服务品质成为公路交通的发展重心之一。党的二十大报告强调，要加快建设交通强国、数字中国。《数字交通"十四五"发展规划》明确提出，交通要全方位向"数"融合。在先进技术和政策红利的加持下，智慧交通将深度融入高速公路领域，为高速公路的高质量发展和完善注入新的生机。《公路"十四五"发展规划》提出了 2035 年的远景目标，基本建成安全、便捷、高效、绿色、经济的现代化公路交通运输体系。

现代化的综合交通运输，是适应同时期经济社会发展需要，整体发展水平高度发达，完善并达到世界先进水平的交通服务体系。实现"两个百年"奋斗目标，实现中华民族伟大复兴的中国梦，对交通运输发展提出了新的更高要求，即构建安全可靠、机动灵活、智慧高效、生态文明的现代化综合交通运输体系，提供安全便捷高效优质的运输服务，实现出行无忧、运输无阻、人便于行、货畅其流。改革要深化开放要持续，交通运输现代化任重道远。交通推动发展，交流促进合作，通达实现共赢。我国高速公路的跨越式发展，一定能为实现"两个百年"的中国梦，实现中华民族伟大复兴，做出更加卓越的贡献。

著名经济学家史密斯和米勒指出：如果把经济和社会发展比作一架飞机，那么高速公路就像是让这架飞机得以腾空而起的跑道。高速公路的突飞猛进，是我国改革开放的缩影，见证了我国经济的腾飞。它大大拓宽了我国发展的空间、释放了我国发展的潜力，为经济社会进步和国家富强做出了突出贡献。毫无疑问，高速公路是有史以来我国做出的最佳投资，是推动中国 40 年来大国崛起、创造世界经济奇迹，并在 21 世纪保持大国地位的重要引擎。

高速公路的建设与发展讲述着改革开放年代中国建设者们开拓性的勇气与智慧！高速公路更是深入一代人心中的符号，见证了我国的变革、经济社会的发展与人民的福祉！

复 习 题

1. 我国公路按技术等级从高到低划分为哪几个等级？
2. 我国公路按行政等级从高到低划分为哪几个等级？
3. 高速公路的基本特征有哪些？高速公路区别于普通公路的根本特征是什么？
4. 高速公路由哪些基本结构组成？
5. 我国高速公路的发展历程经历了哪几个阶段？
6. 我国高速公路发展取得巨大成就的经验和意义有哪些？

2

第 2 章
国家高速公路发展规划

重点难点

国家公路网规划（2013 年—2030 年）的详尽方案；国家高速公路的路线编号和命名规则。

本章学习要求

了解高速公路网规划的必要性和功能定位；熟悉前期国家高速公路网的规划方案；了解规划目标和基本原则；掌握最新的国家公路网规划的详尽方案；掌握国家高速公路的路线编号和命名规则，熟悉省级高速公路的编号和命名规则。

相关知识链接

1）《国道主干线系统规划》（1992 年）。

2）《国家高速公路网规划》（2004 年）。

3）《国家公路网规划（2013 年—2030 年）》（2013 年）。

4）《国家公路网规划（2030 年—2035 年）》（2022 年）。

5）《公路路线标识规则和国道编号》（GB/T 917—2017）。

2.1 高速公路网规划的必要性和功能定位

2.1.1 规划的必要性

1）从国家发展战略看，国家高速公路网规划建设是全面建设小康社会和实现现代化的迫切需要，也是经济全球化背景下提高国家竞争力的重要条件。

21世纪初是重要的战略机遇期，规划建设国家高速公路网是贯彻科学发展观，推进"五个统筹"，进一步完善社会主义市场经济体制，实现全面、协调、可持续发展的迫切要求。规划国家高速公路网有利于加快建设全国统一市场，促进商品和各种要素在全国范围自由流动、充分竞争。同时国家高速公路网的建设对缩小地区差别、增加就业、带动相关产业发展也具有十分重要的作用。国际上经济发达、交通现代化的国家，出于政治、经济、国防等方面的需要，都在一定时期内规划建设国家高速公路网络，美国的"国家州际和国防公路系统"和日本的"高标准干线公路网"就是典型代表。从长远看，国家高速公路网的建设规划对于我国保持发展后劲，增强国际竞争力，实现长期持续发展具有重要意义。

2）从新时期经济社会发展需求看，规划建设国家高速公路网是影响全局的基础性先决条件。

21世纪前20年，我国实现经济总量翻两番，这样的发展速度势必带动全社会人员、物资流动总量的升级，新型工业化对运输服务效率和质量也提出了更高的要求，特别是汽车化、城镇化及现代物流业的快速发展使得制定国家高速公路网规划更显迫切。

截至2021年9月，全国机动车保有量达到3.90亿辆，其中，汽车为2.97亿辆；对比1981年我国汽车保有量199万辆，40年增长了约150倍。2021年，我国汽车总保有量超过美国居世界第一；另一方面，中国每千人汽车拥有量约200辆，为美国、加拿大、德国、日本等发达国家的1/3~1/4。据相关研究预测，我国民用汽车保有量在2035年将达到4.95亿辆，每千人汽车拥有量约400辆，与发达国家的600~800辆还有一定距离，这说明未来我国汽车保有量的增长仍然有很大潜力。高速公路的建设发展加快了小汽车进入家庭的步伐，汽车保有量的快速增加也进一步刺激了高速公路的建设需求。

我国第七次全国人口普查数据显示，2020年我国城镇常住人口达9亿人，城镇化率达63.89%。自2010年以来，又有1.6亿多乡村人走进城市，变成城镇人口。预计到2030年我国城镇化率将超过70%，城镇人口将超过10亿人。城市人口规模的扩大将导致公路客货运输量的显著增长。

现代物流业，特别是集装箱运输迅速发展对高速公路提出了迫切要求。近年来我国的物流成本虽然有所下降，但仍然占到GDP的15%左右，而欧美等发达国家物流成本仅为GDP的8%~10%。完善高速公路网有利于改变我国物流水平的落后面貌，改善对外贸易的服务环境，提高制造业的国际竞争力。

3）从高速公路建设发展的现实需要看，需要统一全面的总体规划指导高速公路布局和投资决策。

我国高速公路建设初期是连接主要城市，近些年转向大规模跨省贯通，在经济发达地区和城市密集区，高速公路发展目前已开始进入网络化的关键阶段。作为重要的公共基础设施，国家高速公路网规划是国土利用规划的重要组成部分。在实行最严格的土地制度的背景下，出台国家高速公路网规划有利于保证资源使用的严肃性，防止盲目投资和低水平重复建设。从国防安全、国家安全的需要看，国家高速公路网对于动员人员和物资力量，维护国家稳定及应对重大自然灾害和突发事件具有特殊重要性。

2.1.2　国家高速公路网的功能定位

高速公路作为国家重要的战略资源，对全面建设小康社会和实现现代化意义重大，对我国未来的发展影响深远。国家高速公路网的规划立足于社会经济发展的根本需求，以建立发达的现代综合运输系统为出发点，体现 21 世纪我国高速公路发展的方向和目标。

国家高速公路网具有支撑经济发展、推动社会进步、保障国家安全、服务可持续发展等重要作用，是国家意志在交通运输领域的具体体现，其核心功能包括：

1）支撑经济发展：提高运输能力和质量，促进工业化，推进城市化，加快信息化，服务现代化。

2）推动社会进步：优化运输布局和服务，强化国土均衡开发，促进区域协调发展，改善人民生活质量。

3）保障国家安全：增强运输可靠性和安全性，确保国家稳定，提高国防能力，维护经济安全，保障抢险救灾。

4）服务可持续发展：改善运输效率和效益，完善综合运输，集约利用土地，降低能源消耗，加强环境保护。

国家高速公路网是我国公路网中层次最高的公路主通道，是综合运输体系的重要组成部分，作为具有全国性政治、经济、国防意义的重要干线公路，主要连接大中城市，包括国家和区域性经济中心、交通枢纽、重要对外口岸；承担区域间、省际间及大中城市间的快速客货运输，为全社会生产和生活提供安全、舒适、高效、可持续的运输服务，并为应对自然灾害等突发性事件提供快速交通保障。

2.2 国家公路网规划

2.2.1 高速公路网规划的四个阶段

我国高速公路网规划经历了四个阶段，从《国道主干线系统规划》到《国家高速公路网规划》，再到《国家公路网规划（2013 年—2030 年）》《国家公路网规划（2030 年—2035 年）》，期间对高速公路的认识不断深化提高，高速公路网规划的理论

国家高速
公路网规划

方法不断探索创新，规划理论不断成熟，规划方案不断完善，无论是规划的成果，还是规划发挥的作用，无疑都会在我国高速公路发展史上留下浓墨重彩的一笔。

1）1992 年出台的《国道主干线系统规划》，即"五纵七横"高等级公路，规划总规模约 3.5 万 km，其中 2.6 万 km 为高速公路，是我国公路发展史上第一个经缜密研究、科学论证的国家主干线公路网规划，也是我国第一个有高速公路建设的规划，拉开了我国高速公路网建设的序幕。

2）2004 年颁布的《国家高速公路网规划》，在国道主干线系统的基础上，对国家高速公路网进行了更为科学系统的规划，形成了由 7 条首都放射线、9 条北南纵线、18 条东西横线组成的总规模 8.5 万 km 的高速公路网络，即"7918"网。此外，允许各省（自治区、直辖市）根据自身发展的需要，编制本省（自治区、直辖市）的高速公路网规划。而《国家高速公路网规划》的理论方法对各省（自治区、直辖市）编制省级高速公路网规划起到了重要的借鉴引导作用。

3）2013 年经国务院批复的《国家公路网规划（2013 年—2030 年）》，除重点对普通国道网规划方案进行调整补充外，同时对国家高速公路网布局进行了补充完善，国家高速公路网由"7918"调整为"71118"和 6 条地区环线，规模调整为 13.6 万 km（包括 1.8 万 km 远期展望线）。规划明确了我国公路网由国道、省道和乡村公路三个层次组成，国家级公路网则由国家高速公路网和普通国道组成，使公路网的功能更完善、层次更清晰、体系更完整。规划发布后，为保障国家公路名称和编号的延续、完整和协调，对国家公路命名编号规则做了进一步明确。

4）2022 年 7 月出台的《国家公路网规划（2030 年—2035 年）》，将国家公路网规划总规模进一步扩大，调整为 46.1 万 km。国家公路网由国家高速公路网

和普通国道网两个层次组成，其中国家高速公路约 16.2 万 km（含远景展望线约 0.8 万 km），普通国道约 29.9 万 km。在 2013 年版的基础上，公路网总规模增加了 6 万 km，国家高速公路网增加了 2.6 万 km。此外该版本还增加了都市圈环线，调整了并行线和联络线的编号命名规则。

《国道主干线系统规划》《国家高速公路网规划》和《国家公路网规划（2013 年—2030 年）》《国家公路网规划（2030 年—2035 年）》四个国家级重大规划，有效指导了改革开放 40 年来我国高速公路建设，保障了公路交通的持续健康发展，对我国公路交通现代化建设功不可没。

2.2.2 规划的基础

1. 前期规划

1981 年，国务院授权国家计划委员会、国家经济委员会和交通部联合发布的《国家干线公路网（试行方案）》明确，国道由"12 射、28 纵、30 横"共 70 条路线组成，国道总规模约 10.92 万 km。作为我国第一个国家级干线公路网规划，虽未明确公路等级标准，但解决了国道网的布局问题，意义重大。

1992 年交通部编制的《国道主干线系统规划》，即"五纵七横"，它描绘了我国主干线公路的建设发展蓝图，是国家高速公路网的雏形，对后来国家高速公路网规划的形成具有深刻影响。

2004 年，交通部编制、国务院批复印发的《国家高速公路网规划》明确，国家高速公路网由"7 射、9 纵、18 横"等路线组成，总规模调增为 13.6 万 km。该规划着眼于未来国家经济社会发展的需要，以全新的视角对国家主干线等骨架公路进行整合、加密、完善，重新规划了我国高速公路的发展，进一步提升了国家公路网的功能和效率。

在《国道主干线系统规划》和《国家高速公路网规划》的指导下，我国国家级公路网已经由单一的普通国道网发展成为由国家高速公路与普通国道两个层次共同构成的基本格局。特别是国家高速公路网规划的出台，保障了我国高速公路的持续快速和有序发展。

但是随着我国经济社会的持续快速发展，当《国家高速公路网规划》任务接近完成时，现有的国家公路网规划与建设仍面临一些亟待解决的问题：

1）覆盖范围不全面。全国还有 900 多个县没有国道连接，新增的城镇人口在 20 万以上的城市和 29 个地级行政中心未实现与国家高速公路相连接。

2）运输能力不足。部分国家高速公路通道运能紧张、拥堵严重，不能适应交通量快速增长的需要。

3）网络效率不高。普通国道路线不连续、不完整，国家公路与其他运输方式之间、普通国道和国家高速公路之间的衔接协调不够，网络效益和效率难以发挥。

面临着新形势、新要求，迫切需要统筹考虑、系统研究、尽快优化调整、进一步补充完善国家级干线公路网，解决当时规划中已经呈现的不适用问题，构建我国完善的国家级公路网。为此，2013 年交通运输部编制、国务院批复了《国家公路网规划（2013 年—2030 年)》，用于指导新时期的国家公路建设和发展。

2. 新形势下的发展要求

（1）适应经济社会发展的要求

未来我国新型工业化、信息化、城镇化和农业现代化加快发展，人均国民收入稳步增加，经济结构加快转型，交通运输总量将保持较快增长态势，各项事业发展要求提高国家公路网的服务能力和水平。预计到 2030 年，全社会公路客运量、旅客周转量、货运量和货物周转量将分别是当前的 2 倍以上，主要公路通道平均交通量将超过 10 万辆/日，达到目前的 4 倍以上，京沪、京港澳等繁忙通道交通量将达到 20 万辆/日以上。

（2）促进城乡区域协调发展的要求

未来国家将加快实施区域发展总体战略和主体功能区战略，加快推进城镇化和城乡一体化发展，继续加大对革命老区、民族地区、边疆地区、贫困地区的扶持力度，要求发挥国家公路引导区域空间布局的作用，优化东部地区公路网络结构，加强中部地区东引西联通道建设，扩大西部地区路网覆盖，统筹城乡协调发展，提升公路交通公共服务水平。

（3）提高应急保障能力的要求

有效应对重大自然灾害、突发事件，要求从国家层面统筹考虑重要通道及其辅助路线、迂回路线的布设，提高公路网的安全性、可靠性和应急保障能力。

（4）构建综合交通运输体系的要求

加快转变交通运输发展方式，优化运输组织结构，合理配置和优化利用交通资源，发挥各种运输方式的比较优势和综合运输的组合效率，促进综合运输协调发展，要求发挥普通公路的基础作用和高速公路的骨干作用，加强与各种运输方式的衔接。

（5）实现公路可持续发展的要求

发挥公路网络的整体效率和效益，进而实现可持续发展，要求做好路网顶层设计，明确各层次路网的功能定位，促进国家公路与其他层次路网的协调发展，并为科学制定公路行业发展政策，更好地开展公路建设、管理和养护奠定规划基础。

2.2.3 国家公路网规划（2013 年—2030 年）

1. 规划目标

国家公路网规划的期限为 2013 年—2030 年，规划的目标是：形成布局合理、功能完善、覆盖广泛、安全可靠的国家干线公路网络，实现首都辐射省会、省际多路连通，地市高速通达、县县国道覆盖；1000km 以内的省会间可当日到达，东中部地区省会到地市可当日往返、西部地区省会到地市可当日到达；区域中心城市、重要经济区、城市群内外交通联系紧密，形成多中心放射的路网格局；有效连接国家陆路门户城市和重要边境口岸，形成重要国际运输通道，与东北亚、中亚、南亚、东南亚的联系更加便捷。其中，通过国道全面连接县级及以上行政区、交通枢纽、边境口岸和国防设施。国家高速公路全面连接地级行政中心，城镇人口超过 20 万的中等及以上城市，重要交通枢纽和重要边境口岸。与 2004 年《国家高速公路网规划》的规划目标相比，国家公路网规划在保证连接当时城镇人口在 20 万以上的节点城市的基础上，增加了连接地市级行政中心这一新的规划目标，使得西部地区增加了较多的高速公路。

2. 规划方案

国家公路网规划总规模 40.1 万 km，由普通国道网和国家高速公路网两个层次构成，其中，国家高速公路网约 13.6 万 km，普通国道约 26.5 万 km。

（1）国家高速公路网

由 7 条首都放射线、11 条北南纵向线、18 条东西横向线，以及地区环线、并行线、联络线等组成，共计约 11.8 万 km，另规划远期展望线约 1.8 万 km。按照"实现有效连接、提升通道能力、强化区际联系、优化路网衔接"的思路，补充完善国家高速公路网：保持原国家高速公路网规划总体框架基本不变，补充连接新增 20 万以上城镇人口城市、地级行政中心、重要港口和重要国际运输通道；在运输繁忙的通道上布设平行路线；增设区际、省际通道和重要城际通道；适当增加有效提高路网运输效率的联络线。

1）首都放射线（7 条）。G1 京哈高速公路（北京—哈尔滨）、G2 京沪高速（北京—上海）、G3 京台高速（北京—台北）、G4 京港澳高速（北京—港澳）、G5 京昆高速（北京—昆明）、G6 京藏高速（北京—拉萨）、G7 京新高速（北京—乌鲁木齐）。

2）北南纵向线（11 条）。G11 鹤大高速（鹤岗—大连）、G15 沈海高速（沈阳—海口）、G25 长深高速（长春—深圳）、G35 济广高速（济南—广州）、G45 大广高速（大庆—广州）、G55 二广高速（二连浩特—广州）、G59 呼北高速（呼和浩特—北海）、G65 包茂高速（包头—茂名）、G69 银百高速（银川—百色）、G75 兰海高速（兰州—海口）、G85 银昆高速（银川—昆明）。

3）东西横向线（18 条）。G10 绥满高速（绥芬河—满洲里）、G12 珲乌高速（珲春—乌兰浩特）、G16 丹锡高速（丹东—锡林浩特）、G18 荣乌高速（荣成—乌海）、G20 青银高速（青岛—银川）、G22 青兰高速（青岛—兰州）、G30 连霍高速（连云港—霍尔果斯）、G36 宁洛高速（南京—洛阳）、G40 沪陕高速（上海—西安）、G42 沪蓉高速（上海—成都）、G50 沪渝高速（上海—重庆）、G56 杭瑞高速（杭州—瑞丽）、G60 沪昆高速（上海—昆明）、G70 福银高速（福州—银川）、G72 泉南高速（泉州—南宁）、G76 厦蓉高速（厦门—成都）、G78 汕昆高速（汕头—昆明）、G80 广昆高速（广州—昆明）。

4）地区环线（6 条）。G91 辽中地区环线高速、G92 杭州湾地区环线高速、G93 成渝地区环线高速、G94 珠江三角洲环线高速、G95 首都环线高速、G98 海南环线高速。

此外还包括若干条并行线、联络线、重要城市的绕城环线等。

（2）普通国道网

由 12 条首都放射线、47 条北南纵向线、60 条东西横向线和 81 条联络线组成，总规模约 26.5 万 km。按照"主体保留、局部优化，扩大覆盖、完善网络"的思路，调整拓展普通国道网：保留原国道网的主体，优化路线走向，恢复被高速公路占用的普通国道路段；补充连接地级行政中心和县级节点、重要的交通枢纽、物流节点城市和边境口岸；增加可有效提高路网运行效率和应急保障能力的部分路线；增设沿边沿海路线，维持普通国道网相对独立。

2.2.4　国家公路网规划（2030 年—2035 年）

1. 指导思想

以新时代中国特色社会主义思想为指导，统筹推进"五位一体"总体布局，协调推进"四个全面"战略布局，坚持以人民为中心，立足新发展阶段，完整、准确、全面贯彻新发展理念，服务构建新发展格局，以推动高质量发展为主题，以满足人民日益增长的美好生活需要为根本目的，统筹发展和安全，优化完善路网布局，构建覆盖广泛、功能完备、集约高效、绿色智能、安全可靠的现代化高质量国家公路网，为加快建设交通强国夯实基础，为全面建设社会主义现代化国家当好先行。

2. 基本原则

（1）基础支撑，先行引领

立足服务全面建设社会主义现代化国家需要，坚持扩大内需战略基点，兼顾效率与公平，适度超前发展，充分发挥国家公路基础性、先导性作用，有力支撑国家重大战略实施和国土空间开发与保护，更好保障经济社会发展，建设人民满意交通。

（2）统筹规划，有序推进

根据经济社会发展和国家重大战略实施需要，加强与相关规划衔接，适应城镇化空间格局和区域经济布局，强化对流通体系的支撑，服务促进国家高水平对外开放。合理把握建设时序，科学论证、量力而行，因地制宜确定建设标准，积极稳妥推进项目建设。

（3）强化衔接，一体融合

加强公路与其他运输方式规划协调，强化设施衔接纽带功能，注重与城市交通有效衔接，提高资源集约整合利用水平，推动运输结构优化，提升综合交通运输整体效率。推进公路基础设施共建共享，促进与沿线旅游、制造、物流、电子商务等关联产业融合发展，实现综合效益最大化。

（4）创新驱动，提质增效

注重科技创新赋能，促进前沿科技应用，不断提高国家公路数字化、网联化水平，持续增强"建管养运"统筹和全寿命周期管理能力。充分挖掘存量资源潜力，聚焦短板弱项扩大优质增量供给，提升服务质量效益，实现供给和需求更高水平的动态平衡。

（5）绿色低碳，安全可靠

坚持生态优先，节约集约利用资源，减少对生态环境的破坏和影响，降低能源消耗及碳排放，促进公路与自然和谐发展。坚持生命至上、安全第一、质量优先理念，提高路网系统韧性和功能可靠性，增强安全与应急保障能力，满足人民安全出行需要。

3. 规划目标

到 2035 年，基本建成覆盖广泛、功能完备、集约高效、绿色智能、安全可靠的现代化高质量国家公路网，形成多中心网络化路网格局，实现国际省际互联互通、城市群间多路连通、城市群城际便捷畅通、地级城市高速畅达、县级节点全面覆盖、沿边沿海公路连续贯通。

（1）覆盖广泛

国家高速公路全面连接地级行政中心、城区人口 10 万以上市县和重要陆路边境口岸，普通国道全面连接县级及以上行政区、国家重要旅游景区、陆路边境口岸。

（2）功能完备

国家公路实现首都辐射省会，省际间和城市群间多通道联系，全面对接亚洲公路网和国际经济合作走廊。国家高速公路通行能力明显提升，普通国道技术等级结构显著改善，有力支撑国家综合立体交通网建设。

（3）集约高效

便捷连接所有综合交通枢纽城市、重要交通枢纽，与其他运输方式衔接更加顺畅，城市过境交通更为高效。跨海跨江跨河等关键通道布设更加集约。

（4）绿色智能

国家公路网有效避让生态保护区域、环境敏感区域，对国土空间利用效率明显提高，基本实现建设全过程、全周期绿色化。与运输服务网、信息网、能源网等融合更加紧密，数字化转型迈出坚实步伐，基本实现运行管理智能化和出行场景数字化。

（5）安全可靠

国家公路网韧性显著增强，自然灾害多发、地理自然阻隔、边境等重点区域网络可靠性明显改善，设施安全性明显提升，具备应对各类重大安全风险能力。

到 21 世纪中叶，高水平建成与现代化高质量国家综合立体交通网相匹配、与先进信息网络相融合、与生态文明相协调、与总体国家安全观相统一、与人民美好生活需要相适应的国家公路网，有力支撑全面建成现代化经济体系和社会主义现代化强国。

4. 规划方案

依据《国家公路网规划（2030 年—2035 年）》方案，国家公路网规划总规模约 46.1 万 km，由国家高速公路网和普通国道网两个层次组成，其中，国家高速公路网约 16.2 万 km（含远景展望线约 0.8 万 km），普通国道网约 29.9 万 km。在 2013 年—2030 年版的基础上，公路网总规模增加了 6 万 km，国家高速公路网增加了 2.6 万 km。

（1）国家高速公路网

确定了国家高速公路由 7 条首都放射线、11 条北南纵向线、18 条东西横向线，以及 6 条地区环线、12 条都市圈环线、30 条城市绕城环线、31 条并行线、163 条联络线组成。相较于 2013 年—2030 年版，主线不变，增设了都市圈环线，增加了城市绕城环线、并行线和联络线的数量。

按照"保持总体稳定、实现有效连接、强化通道能力、提升路网效率"的思路，补充完善国家高速公路网。保持国家高速公路网络布局和框架总体稳定，优化部分路线走向，避让生态保护区域和环境敏感区域；补充连接城区人口 10 万以上市县、重要陆路边境口岸；以国家综合立体交通网"6 轴 7 廊 8 通道"主骨架为重点，强化城市群及重点城市间的通道能力；补强城市群内部城际通道、临边快速通道，增设都市圈环线，增加提高路网效率和韧性的部分路线。

（2）普通国道网

按照"主体稳定、局部优化、补充完善、增强韧性"的思路，优化完善普通国道网。以既有普通国道网为主体，优化路线走向，强化顺直连接，改善城市过境线路，避让生态保护区域和环境敏感区域；补充连接县级节点、陆路边境口岸、重要景区和交通枢纽等，补强地市间通道、沿边沿海公路及并行线；增加提高路网效率和韧性的部分路线。

普通国道网由 12 条首都放射线、47 条北南纵向线、60 条东西横向线，以及 182 条联络线组成。

2.2.5　实施效果

国家公路网建成后，我国将拥有一个覆盖广泛、功能完善、能力充分、衔接顺畅、运行可靠的全国干线公路网络，突出体现了新时期国家意志，为全面建设小康社会和现代化建设奠定坚实基础。

1. 服务范围明显扩大、服务能力增强

国家高速公路连接 100% 的地市级行政中心及城镇人口超过 20 万的中等及以上城市，覆盖 90% 的城镇人口为 15 万~20 万的小城市及 80% 的县市，覆盖全国 10 多亿人口。充分体现了"以人为本"，最大限度地满足人的出行要求，创造出安全、舒适、便捷的交通条件，使用户直接感受到高速公路系统给生产、生活带来的便利。普通国道规模调增至 26.5 万 km，新增连接县（市）900 多个，实现全国所有县级及以上行政区都有普通国道连接，提升公路交通基本公共服务能力，改善人民群众出行条件。

2. 全社会的车辆机动性大大提高

基本实现大中城市和地市级行政中心平均 30min 上国家高速公路；东中部

地区基本实现省会到地市当日往返、地市到县半日往返,西部地区省会到地市当日到达,大大提高全社会车辆机动性。

3. 区域间联系更加便捷

强化城市群内外交通联系,增加了长三角、珠三角、京津冀等经济区的辐射通道,完善了新兴经济区、城市群内部及对外交通布局,形成了板块间密切联系、多中心放射的路网格局,基本实现 800~1000km 以内相邻省会城市和计划单列市之间当日到达。

4. 引导国土均衡开发和扩大对外开放

加强了对革命老区、民族地区、边疆地区、贫困地区以及资源富集区的连接,新疆、西藏、内蒙古等地区形成多条通往内地的公路通道。连接 21 个国家陆路门户城市(镇)和 37 个对第三国开放的边境口岸,与东北亚、中亚、南亚、东盟的联系更加便捷,服务于"一带一路"倡议和长江经济带的建设。

5. 完善综合运输体系建设和发展现代物流

连接了重要的交通枢纽和物流节点城市,加强了枢纽城市与周边城镇之间的交通联系,疏运网络更加完善,为发展甩挂运输、多式联运等先进运输组织模式和推进综合运输体系建设提供支撑。加强与其他运输方式的协调衔接,统筹主要通道运输能力配置,促进综合交通运输体系构建和现代物流业发展。

6. 实现资源环境协调发展

新增普通国道建设以既有公路升级改造为主,高速公路合理把握建设规模和节奏,有效降低土地占用和环境影响,促进公路建设与资源环境和谐发展。

7. 有效促进城镇化发展,兼顾公平与效率

提升路网对中小城镇的覆盖水平,形成多中心放射的路网格局,为城镇化发展提供有效支撑。实现普通国道和高速公路的协调发展,明确普通国道侧重体现基本公共服务,高速公路侧重体现高效服务,加强两个网络在功能和布局上的衔接协调。

8. 有效保障国家安全

国家公路网络化程度大幅提高,实现重要节点之间多通道连接、重要通道多线路,显著提高了国家的应急保障能力,连接了边境地区、濒海地区,显著增强了国家的国土安全保障能力。

2.3 | 高速公路的路线编号和命名规则

高速公路网络错综复杂，为了便于识别、管理，我国从国家层面统筹规划路线命名，规范线路标识牌。2017 年 9 月，国家质量监督检验检疫总局颁布了《公路路线标识规则和国道编号》（GB/T 917—2017）。该标准完善了高速公路路线命名规则：对国家高速公路并行线结构和编号规则进行了调整和修改；国家高速公路路线编号弱化了顺时针、由东向西、由北向南顺序排列的要求；对新增国家高速公路路线编号，改为利用原有编号（公路起点或终点延伸的情况）、在现有编号区间或下一个编号区间进行编号（新增公路）的方式；国家高速公路城市绕城环线的编号规则修改为全国统一编排的方式，编号具备唯一性；修改了联络线编号规则，增加了仅与放射线连接的联络线编号方式；国家高速公路联络线和并行线考虑了扩容后的编号需求。省级高速公路的编号修改为采用标识符和不超过两位数字编号组配标识的规则。

高速公路的
编码和命名

2.3.1 国家高速公路的线路编号命名规则

1. 国家高速公路的主线编号

国家高速公路的主线编号由国道标识符"G"开头，加上 1～2 位主线数字编号组配表示。

（1）首都放射线（7 条）

命名：以北京市为起点，放射线的止点城市为终点。编号：从 1 开始，按顺时针方向升序编号。如 G1 北京—哈尔滨高速公路（京哈高速）、G2 北京—上海高速公路（京沪高速）。

（2）北南纵向线（11 条）

命名：以北端为起点，南端为终点。编号：取 2 位奇数，由东向西升序编排，编号区间为 G11～G89。如 G11 鹤岗—大连高速公路（鹤大高速）、G15 沈阳—海口高速公路（沈海高速）等。

（3）东西横向线（18 条）

命名：以东端为起点，西段为终点。编号：取 2 位偶数，由北向南升序编排，编号区间为 G10～G90。如 G10 绥芬河—满洲里高速公路（绥满高速）、

G16 丹东—锡林浩特高速公路（丹锡高速）等。

（4）地区环线（6 条）

命名：以路线所在地区命名。编号：取 2 位数，第 1 位数字是"9"，全国范围总体上按由北往南的顺序编号，编号区间为 G91～G99。例如：G91 辽中地区环线高速公路（辽中环线高速）、G92 杭州湾地区环线高速公路（杭州湾环线高速）等。

2. 城市绕城环线、联络线和并行线编号

城市绕城环线、联络线和并行线编号，由国道标识符"G"和 4 位数字编号组配表示。

（1）城市绕城环线

命名：以线路所在的城市名称命名。由 4 位数字编号（后 2 位数字字体较小）："主线编号" +数字"0" + "1 位城市绕城环线顺序号"。全国范围统一编排。如 G04$_{01}$长沙市绕城高速公路（长沙绕城高速）、G15$_{08}$广州市绕城环线（广州绕城高速）等。

主线编号应优先选取该绕城环线所连接的主线中编号最小者，如该主线所连接的城市绕城环线编号空间已全部使用，则选用主线编号次小者，依此类推。城市绕城环线仅连接首都放射线时，主线编号前应以"0"补位；同一条国家高速公路穿越多个省（自治区、直辖市）时，所连接城市绕城环线的顺序号，宜沿主线起讫方向增序排列。

（2）联络线

联络线作为多条主线高速公路的连接纽带，大部分联络线可连接多条高速公路。由 4 位数字编号（后 2 位数字字体较小）："主线编号" +数字"1"+"1 位联络线顺序号"组成。全国范围统一编排，主线编号优先选取该联络线所连接的主线中编号最小者。例如，G01$_{11}$秦滨高速就是 G1 京哈高速的第 1 条联络线；G12$_{12}$沈吉高速就是 G12 珲乌高速的第 2 条联络线。

主线编号应优先选取该联络线所连接的主线中编号最小者，如该主线所连接的联络线编号空间已全部使用，则选用主线编号次小者，依此类推。联络线仅连接首都放射线时，主线编号前应以"0"补位；同一条国家高速公路穿越多个省（自治区、直辖市）时，所连接的联络线的顺序号，宜沿主线起讫方向增序排列。

（3）高速公路并行线

高速公路并行线与高速公路主线大致走向一致，分担主线一部分交通流量，两端与高速主线相连接。由 4 位数字编号（后 2 位数字字体较小）："主线编号"+数字"2"+"1 位并行线顺序号"组成。例如，G04$_{21}$许广高速就是 G4 京港澳高速的第 1 条并行线；G04$_{22}$武深高速就是 G4 京港澳高速的第 2 条并行线；G04$_{23}$乐广高速公路就是 G4 京港澳高速的第 3 条并行线。

主线编号应优先选取并行线所连接的主线中编号最小者，如该主线所连接的并行线编号空间已全部使用，则选用主线编号次小者，依此类推。并行线仅连接首都放射线时，主线编号前应以"0"补位；同一条国家高速公路穿越多个省（自治区、直辖市）时，所连接的并行线顺序号，宜沿主线起讫方向增序排列。

（4）新增国家高速公路路线

当新增国家高速公路路线时，新增的路线按其走向及所在位置，分别在原路线编号序列中的预留区间内顺序编号；预留区间不足时，在下一预留区间内顺序编号；新增路线在原基础上延长的，仍采用原路线的编号。

2.3.2　省级高速公路的线路编号命名规则

高速公路路线的全称，由路线起讫点的地名中间加连接符"—"组成，称为"××—××高速公路"。起讫点地名宜采用县级及以上的地名。省级行政区域内高速公路与国家高速的全称和简称不应重复。不同起讫点高速公路简称出现重复时，采用起讫点地名的第二或第三位汉字替换等方式加以区别。相同起讫点间存在两条及以上高速公路时，后通车高速公路称为"××—××第二高速公路"，简称为"××第二高速"；也可根据路线的方位或者地理特征命名，如"机场北线高速""广深沿江高速"等；也可增加一个中间途经点，如"××—××—××高速公路"。同一城市或地区出现多条高速环线时，应以路线的编号顺序或方位顺序进行区别。

省级高速公路的主线编号规则与国家高速公路主线的编号规则基本保持一致，省会放射线、北南纵向线、东西横向线等主线编号：由省道标识符"S"开头，加 1~2 位数字编号组配表示；省级高速公路城市绕城环线和联络线的编号，宜由省道标识符"S"加 2 位数字编号组配表示。各省（自治区、直辖市）编制省级高速公路编号时，可根据路网特征和实际需求安排两位数编号区间的使用方法。

省级高速公路与相邻省级行政区域的省级高速公路连接贯通时，宜视为一整条高速公路，统一编号命名：跨省的省级高速公路为北南纵向线时，宜以北侧省（自治区、直辖市）的路线编号为准；跨省的省级高速公路为东西横向线时，宜以东侧省（自治区、直辖市）的路线编号为准。

2.3.3 线路标识牌

国家高速公路线路标识牌：线路牌主色调是绿色底白色字，标明线路的编号和名称。线路牌头部是红底白字，标识出"国家高速"四个字，如图 2-1a 所示。

省级高速公路线路标识牌：线路牌主色调也是绿色底白色字，标明线路的编号和名称。线路牌头部是橙、黄色底黑色字，标注省级行政区的简称，后加"高速"二字，如图 2-1b 所示。

国道和省道与高速公路最显著的区别就是它们是非封闭型的公路，不控制出入口，道路交叉处可以采用平面交叉。

国道线路名是以字母 G 开头，编号均为 3 位数，路线标识牌为红色底白色字，如图 2-1c 所示。

省道线路名是以字母 S 开头，编号一般也为 3 位数，路线标识牌为橙黄色底黑色字，如图 2-1d 所示。

图 2-1　国家高速、省级高速、国道、省道的线路标识牌样式

实例

以湖南省长沙市为例，经过该市境内的高速公路有哪些？它们是按什么规则进行编号和命名的？收集长沙市境内的高速公路，记录下它们的线路名称和编号，尝试将这些线路按行政级别分类，并解读这些线路编号和命名的意义。

（1）国家高速公路有：

长沙市境内高速公路的编号命名

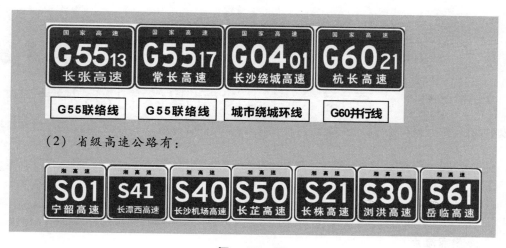

（2）省级高速公路有：

复　习　题

1. 高速公路规划的必要性有哪些？

2. 国家高速公路网具有支撑经济发展、推动社会进步、保障国家安全、服务可持续发展等重要作用，其核心功能包括哪些？

3. 改革开放 40 多年来我国高速公路网规划经历了哪几个阶段？

4. 《国家公路网规划》（2030 年—2035 年）方案在（2013 年—2030 年）方案的基础上，进行了哪些调整？

5. 国家公路网建成后的实施效果有哪些方面？

6. 国家高速公路的主线是怎样进行编号和命名的？

7. 国家高速公路的绕城环线、联络线和并行线是怎样进行编号和命名的？

8. 怎样区别国家高速、省级高速、国道、省道的线路牌？

第3章
高速公路建设管理体制及法律法规

重点难点

高速公路建设招标、投标的相关知识；公路建设四项制度（项目法人制、工程监理制、工程招标投标制、合同管理制）的内涵。

本章学习要求

了解高速公路建设投融资的常用形式，掌握高速公路工程招标投标的内容和基本程序；掌握公路建设四项制度（项目法人制、工程监理制、工程招标投标制、合同管理制）的内涵；熟悉高速公路建设管理的相关法律法规；了解公路建设市场信用体系制度。

相关知识链接

公路工程信用信息可查询以下网站：

1）全国公路建设市场监督管理系统。

2）国家企业信用信息公示系统。

3）全国建筑市场监管公共服务平台。

3.1 | 高速公路建设投融资

高速公路建设具有投资规模大、建设周期长、跨越范围广的特点。自1988年全国第一条高速公路——上海至嘉定高速公路建成通车以来，我国高速公路建设资金筹集先后经历了从"政府单一投资"到以"政府为主导"再到以"市场为主导"的变化，大致可分为三个阶段。

高速公路建设
投融资

第一阶段，政府作为唯一的投资主体出资建设公路。1984 年以前，高速公路作为重要的交通基础设施由政府全权决定，直接投资和建设，中央和地方实行分工负责制度，高速公路的投资主体主要是中央政府，高速公路资金投入不足，建设滞后于经济发展。

第二阶段，以政府投资力量为主导，通过举债增加资金来源。从 1985 年起，我国陆续制定出台了高速公路收费制度，基础设施的建设资金由主要依靠财政拨款调整为主要利用银行贷款。通过"贷款修路、收费还贷"方式，充分调动社会各方修桥筑路的积极性，放开搞活、多形式多渠道筹集公路建设资金。各省市制定了交通规费征收政策，扩大了高速公路的建设资金来源。

第三阶段，市场化主导的项目投资体制建立，多种融资方式陆续纳入我国高速公路融资渠道。1997 年 7 月颁布的《中华人民共和国公路法》进一步将公路经营权转让规范为"公路收费权转让"。高速公路融资逐渐进入市场经济下多渠道、多主体、多层次的融资模式。

目前，我国的公路建设资金来源主要是四个渠道：政府投资、国外贷款、BOT 引资、其他融资。

3.1.1　政府投资

政府投资是指将公路的建设资金列入国家基建计划，由国家预算拨款，包括中央财政拨款、省财政拨款和市级财政拨款。为了加快推进高速公路建设，中央财政和省财政持续加大财政建设资金投入力度。"十一五"以前，省财政主要以工程建设税收返还等政策性投入方式，积极支持高速公路建设。"十二五"时期，中央财政对于纳入国家高速公路网的建设项目，按路线长度安排补助资金。其中，平均造价不高于 6000 万元/km 的国高网项目按 1100 万元/km 进行补助；平均造价超过 6000 万元/km 的国高网项目，根据工程造价上浮补助标准，最高不超过 3300 万元/km。"十三五"时期，国家进一步加大高速公路建设支持力度，非藏区国高网项目按总投资的 30% 安排补助资金，藏区国高网项目按工程建安费的 50% 安排补助资金。在各级财政的大力支持下，我国高速公路建设成效显著。

3.1.2　国外贷款

1. 世界银行贷款

世界银行贷款是指世界银行组织对其成员国和私人企业提供的贷款。贷款要求专款专用，使用范围必须限于它所批准的项目。贷款的领域涉及工业、农业、交通运输、电力、通信、供水、排水、教育、旅游、人口计划和城市发展等。其贷款程序是：贷款国提出申请，经世界银行派专家对项目进行评价，然后确定贷款的意向及数目。贷款利率随金融市场的利率水平定期调整，一般采取浮动利率制。1993 年 9 月建成通车的京津塘高速公路，是我国第一次运用世界银行贷款而修建的高速公路，这开启了我国利用国外贷款修建高速公路的新纪元。

2. 亚洲开发银行贷款

亚洲开发银行贷款是指亚洲开发银行提供给亚太地区成员的贷款。亚洲开发银行是亚太地区的国家（或地区）同部分西欧北美国家合办的区域性国际金融机构，为亚太地区成员贷款。例如，四川川中道路发展项目雅安至西昌高速公路利用亚行贷款 5.04 亿美元。

3. 外国政府贷款

外国政府贷款是指一国政府向另一国政府提供的，具有一定赠与性质的优惠贷款。它具有政府间开发援助或部分赠与的性质，政府贷款主要用于城市基础设施、环境保护等非盈利项目。目前我国同日本、德国、法国、西班牙、意大利、加拿大、英国、奥地利、澳大利亚、瑞典、科威特、荷兰、芬兰、丹麦、挪威、瑞士、比利时、韩国、以色列、波兰、俄罗斯、卢森堡及北欧投资银行、北欧发展基金等国家及机构建立了政府（双边）贷款关系。例如，四川广安市广门至前锋公路项目，利用沙特阿拉伯政府贷款 2500 万美元。

3.1.3　BOT 引资

BOT（build-operate-transfer），即"建设、经营、移交"，又称为"特许权融资模式"，一般由东道国政府或地方政府通过特许权协议，将项目授予项目发起人为此专设的项目公司，由项目公司负责基础设施（或基础产业）项目的投融资建设、经营和维护，在规定的特许期内，项目公司拥有投资建造设施的所有权（但不是完整意义上的所有权），允许向设施的使用者收取适当的费用，并以此回收项目投融资。在我国，BOT 方式已越来越广泛地运用于收费公路、铁路、污水处理设施和城市地铁等基础设施项目。

BOT 融资能够拓宽资金来源，引进外资和利用民间资本，减少政府的财政支出和债务负担，加快发展交通设施建设，可以发挥外资和私营机构的能动性和创造性，提高建设、经营、维护和管理效率，引进先进的管理和技术。

BOT 模式在一定程度上可以降低政府风险，使政府无须承担融资、设计、建造和经营风险。BOT 经历了数百年的发展，为了适应不同的条件，衍生出许多变种，如 BOOT、BOO、BLT 和 TOT 等。这些项目形式只涉及 BOT 操作方式的不同，但其基本特点是一致的，即项目公司必须得到有关部门授予的特许经营权。

BOT 融资结构一般由三部分组成：一是政府的特许权经营协议，这是整个 BOT 融资的关键；二是确立项目的投资者和经营者，项目的投资者和经营者是 BOT 项目的主体；三是贷款银行，贷款的条件取决于项目本身的经济强度。合理融资结构的建立将使得各种风险要素在项目建设参与者之间进行分配，实现项目风险的分担，这是一个成功的 BOT 融资结构不可缺少的条件。BOT 模式典型结构如图 3-1 所示。

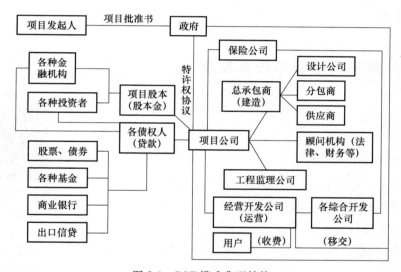

图 3-1　BOT 模式典型结构

在高速公路 BOT 融资模式中，政府通过签订特许权协议，在规定的时间内，将高速公路项目授予投资商，为该项目成立项目公司，由项目公司负责高速公路的投融资、建设、运营和维护，并通过收取车辆通行费，收回投资、偿还贷款以及获取合理利润。特许期满，项目公司将高速公路无偿移交给政府。

襄荆高速公路是我国第一个大型高速公路 BOT 项目，北起襄阳市贾家州，南止于荆州市龙会桥，全长 185.4km，湖北襄荆高速公路总投资 44.85 亿元，于 1999 年 12 月 30 日正式立项，2001 年 1 月正式动工，2004 年 6 月 26 日正式建成通车。

3.1.4 PPP 等其他融资方式

PPP（Public-PrivatePartnership）模式，也就是公共私营合作制。简单来说，就是公私合作的模式，政府和社会业资本一起组成一个新的公司负责建设和运营某个项目。PPP 模式强调政府的参与度，政府与社会资本建立利益共享，风险分担的长期合作关系。PPP 的运作模式非常灵活，一般适用于价格调整灵活，投资规模大，需求长期稳定的项目。比较常见的 PPP 项目主要是一些大型基础设施项目。兴延高速公路是我国首条 PPP 高速公路，它是北京市规划建设的一条高速公路，连接了北京市区与延庆区，全长约 42.2km，2019 年 1 月 1 日建成通车，项目总投资 143.5 亿元。

公路融资除 PPP 模式以外，还有发行高速公路建设债券、发行股票、上市融资等多种方式。

3.2 高速公路建设招标与投标制度

3.2.1 招标

1. 建设工程招标概念

建设工程招标是指建设单位对拟建的工程发布公告，通过法定的程序和方式吸引承包单位参加竞争，从中择优选定工程承包人的法律行为。

高速公路招标与
投标程序图解

公路建设项目招标投标活动必须严格按照国家有关法律、法规进行，遵循公开、公平、公正和诚实信用原则。交通运输部负责全国公路工程建设项目招标投标活动的监督管理工作。省级人民政府交通运输主管部门负责本行政区域内公路工程建设项目招标投标活动的监督管理工作。

2. 公路建设工程招标的范围

（1）必须招标的工程项目

1）全部或者部分使用国有资金投资或者国家融资的项目，包括：使用预算资金 200 万元人民币以上，并且该资金占投资额 10% 以上的项目；使用国有企业事业单位资金，并且该资金占控股或者主导地位的项目。

2）使用国际组织或者外国政府贷款、援助资金的项目，包括：使用世界银行、亚洲开发银行等国际组织贷款、援助资金的项目；使用外国政府及其机构贷款、援助资金的项目。

3）不属于以上1）、2）规定情形的大型基础设施、公用事业等关系社会公共利益、公众安全的项目，必须招标的具体范围由国务院发展和改革部门会同国务院有关部门按照确有必要、严格限定的原则制定，报国务院批准。

4）以上1）、2）、3）规定范围内的项目，其勘察、设计、施工、监理以及与工程建设有关的重要设备、材料等的采购达到下列标准之一的，必须招标：①施工单项合同估算价在400万元人民币以上；②重要设备、材料等货物的采购，单项合同估算价在200万元人民币以上；③勘察、设计、监理等服务的采购，单项合同估算价在100万元人民币以上；④同一项目中可以合并进行的勘察、设计、施工、监理及与工程建设有关的重要设备、材料等的采购，合同估算价合计达到前款规定标准的，必须招标；⑤省级人民政府交通主管部门可以在上述规模标准以下，结合本地区实际情况，制定必须招标的规模标准。

（2）可以不进行招标的工程项目

有下列情形之一的公路工程建设项目，可以不进行招标：

①涉及国家安全、国家秘密、抢险救灾或者属于利用扶贫资金实行以工代赈、需要使用农民工等特殊情况；②需要采用不可替代的专利或者专有技术；③采购人自身具有工程施工或者提供服务的资格和能力，且符合法定要求；④已通过招标方式选定的特许经营项目投资人依法能够自行施工或者提供服务；⑤需要向原中标人采购工程或者服务，否则将影响施工或者功能配套要求；⑥国家规定的其他特殊情形。

招标人应当合理划分标段、确定工期，提出质量、安全目标要求，并在招标文件中载明。标段的划分应当有利于项目组织和施工管理、各专业的衔接与配合，不得利用划分标段规避招标、限制或者排斥潜在投标人。高速公路标段路基工程一般应不少于10km，路面工程一般应不少于15km。其他等级公路标段工作量一般应不少于5000万元。边远地区和特殊地段可视实际情况调整。监理标段的划分应不低于施工标段标准。

严禁任何单位和个人以任何名义、任何形式干预正当的招标投标活动，严禁地方和行业保护。严禁将必须招标的公路建设项目化整为零或以其他任何方式规避招标。

3. 招标人和招标代理机构

公路工程建设项目招标人是提出招标项目、进行招标的项目法人或者其他组织。

1）招标人具有编制招标文件和组织评标能力的，可以自行办理招标事宜。

任何单位和个人不得以任何方式为招标人指定招标代理机构。

2）招标人不具有自行办理招标事宜能力的应当委托具有相应资格的招标代理机构办理公路工程施工招标事宜。

3）招标代理机构是依法设立、从事招标代理业务并提供相关服务的社会中介组织。目前，全国专门从事招标代理业务的机构有数百家，还有一些建设工程咨询、监理咨询单位也可进行建设工程招标代理业务。

4）招标代理机构需具备以下条件：有从事招标代理业务的营业场所和相应资金；有能够编制招标文件和组织评标的相应专业力量；应当拥有一定数量的具备编制招标文件、组织评标等相应能力的专业人员。

4. 招标方式

《招标投标法》规定，工程招标方式主要有公开招标和邀请招标两种。

（1）公开招标

公开招标是指招标人以招标公告的方式邀请不特定的法人或者其他组织投标。公开招标按照公开的地域范围又可以分为国内公开招标和国际公开招标。招标人应通过国家指定的报刊、信息网络或者其他媒体发布招标公告，符合招标项目规定资格条件的潜在投标人不受所在地区、行业限制，均可申请参加投标。依法必须公开招标项目主要有三类：

1）国家重点项目和省、自治区、直辖市人民政府确定的地方重点项目（《招标投标法》第十一条）。

2）国有资金占控股或者主导地位的依法必须进行招标的项目（《招标投标法实施条例》第八条）。

3）其他法律法规规定必须进行公开招标的项目。

公开招标体现了市场机制公开信息、规范程序、公平竞争、客观评价、公正选择及优胜劣汰的本质要求。公开招标因为投标人较多、竞争充分，且不容易串标、围标，有利于招标人从广泛的竞争者中选择合适的中标人并获得最佳的竞争效益。

（2）邀请招标

邀请招标是指招标人以投标邀请书的方式邀请特定的法人或者其他组织投标。招标人应当邀请3家以上具备投标资格的特定的法人投标，应邀参加投标的单位不得少于3家。

现行法律下有两种意义的邀请招标：一种是招标人以投标邀请书的方式邀请特定的法人或者其他组织投标；另一种是在政府采购中的邀请招标，是指货物或者服务项目采购人在省级以上人民政府财政部门指定的政府采购信息媒体发布资格预审公告，公布投标人资格条件，经过对投标人的资格进行审查，采购人从评审合格的投标人中通过随机方式选择 3 家以上的投标人作为正式的投标人向其发出投标邀请书邀请其参与投标。

可以用于邀请招标的：

1）大型基础设施、公用事业等关系社会公共利益、公众安全的项目。

2）全部或部分使用国有资金投资或者国家融资的项目。

3）使用国际组织或者外国政府贷款、援助资金的项目。

4）法律或者国务院规定的其他必须招标的项目。

5. 招标文件

公路工程施工招标文件一般包含以下内容：

1）招标公告或投标邀请书。

2）投标人须知（含投标报价和对投标人的各项投标规定与要求）。

3）评标办法（含评标方法、评审标准和评标程序）。

4）拟签订合同主要条款和合同格式。

5）技术条款（含设计施工图、技术规范、工程量清单计量规则等）。

6）投标文件格式。

7）附件和与其他要求投标人提供的材料。

3.2.2　投标

《招标投标法》规定，投标人是指明响应招标、参加投标竞争的法人或者其他组织。投标人应当具备承担招标项目的能力；国家有关规定对投标人资格条件或者招标文件对投标人资格条件有规定的，投标人应当具备规定的资格条件。

联合体投标是一种特殊的投标人组织形式，一般适用于大型的或结构复杂的建设项目。《招标投标法》规定，两个以上法人或者其他组织可以组成一个联合体，以一个投标人的身份共同投标，按资质等级低的单位确定资质等级。分包单位的资质条件应与其承担的工程标准和规模相适应。

投标人应当按照招标文件的要求编制投标文件。投标文件应当对招标文件提出的实质性要求和条件做出响应。投标人应当按照招标文件要求装订、密封投标文件，并按照招标文件规定的时间、地点和方式将投标文件送达招标人。投标报价应当依据工程量清单、工程计价有关规定、企业定额和市场价格信息等编制。

工程项目投标文件一般包含三部分：资信部分、商务部分、技术部分，具体一般细分为以下内容：①投标函及投标函附录；②法定代表人身份证明或附有法定代表人身份证明的授权委托书；③联合体协议书；④投标保证金；⑤已标价工程量清单；⑥施工组织设计；⑦项目管理机构；⑧拟分包项目情况表；⑨资格审查资料；⑩投标人须知前附表规定的其他材料。

招标人在招标文件中要求投标人提交投标保证金的，投标保证金不得超过项目估算价的 2%，但最高不得超过 80 万元人民币。实行两阶段招标的，招标人要求投标人提交投标保证金的，应当在第二阶段提出。

在建设工程招标投标活动中，投标人的不正当竞争行为主要有：投标人相互串通投标，招标人与投标人串通投标，投标人以行贿手段谋取中标，投标人以低于成本的报价竞标，投标人以他人名义投标或者以其他方式弄虚作假骗取中标。

3.2.3 开标、评标和中标

1. 开标

开标应当在招标文件确定的提交投标文件截止时间的同一时间公开进行；开标地点应当为招标文件中预先确定的地点。开标由招标人主持，邀请所有投标人参加。开标过程应当记录，并存档备查，可邀请公证机关公证。超过投标截止时间送达的投标文件，招标人应当拒收。投标人少于 3 个的，不得开标，投标文件应当当场退还给投标人；招标人应依法重新招标。投标人对开标有异议的，应当在开标现场提出，招标人应当当场做出答复，并进行记录。

招标人应当按照国家有关规定组建评标委员会负责评标工作。评标委员会成员名单一般应于开标前确定。评标委员会成员名单在中标结果确定前应当保密。评标委员会由招标人代表和有关技术、经济等方面的专家组成，成员人数为 5 人以上单数，其中技术、经济等方面的专家不少于成员总数的 2/3。

国家审批或者核准的高速公路、一级公路、独立桥梁和独立隧道项目，评标委员会专家应当由招标人从国家重点公路工程建设项目评标专家库相关专业中随机抽取；其他公路工程建设项目的评标委员会专家可以从省级公路工程建设项目评标专家库相关专业中随机抽取，也可以从国家重点公路工程建设项目评标专家库相关专业中随机抽取。对于技术复杂、专业性强或者国家有特殊要求，采取随机抽取方式确定的评标专家难以保证胜任评标工作的特殊招标项目，可以由招标人直接确定。

2. 评标

评标委员会应当民主推荐一名主任委员，负责组织评标委员会成员开展评标工作。评标委员会主任委员与评标委员会的其他成员享有同等权利与义务。评标委员会应当按照招标文件确定的评标标准和方法进行评标。招标文件没有规定的评标标准和方法不得作为评标的依据。评标方法有：综合评估法、合理低价法、技术评分最低标价法、综合评分法、经评审的最低投标价法。

公路工程勘察设计和施工监理招标，应当采用综合评估法进行评标，对投标人的商务文件、技术文件和报价文件进行评分，按照综合得分由高到低排序，推荐中标候选人。评标价的评分权重不宜超过 10%，评标价得分应当根据评标价与评标基准价的偏离程度进行计算。

评标委员会成员应当客观、公正、审慎地履行职责，遵守职业道德。评标委员会成员应当依据评标办法规定的评审顺序和内容逐项完成评标工作，对本人提出的评审意见以及评分的公正性、客观性、准确性负责。评标委员会应当查询交通运输主管部门的公路建设市场信用信息管理系统，对投标人的资质、业绩、主要人员资历和目前在岗情况、信用等级等信息进行核实。

评标委员会应当根据《招标投标法实施条例》第三十九条、第四十条、第四十一条的有关规定，对在评标过程中发现的投标人与投标人之间、投标人与招标人之间存在的串通投标的情形进行评审和认定。

评标完成后，评标委员会应当向招标人提交书面评标报告。评标报告中推荐的中标候选人应当不超过 3 个，并标明排序。依法必须进行招标的公路工程建设项目，招标人应当自收到评标报告之日起 3 日内，在对该项目具有招标监督职责的交通运输主管部门政府网站或者其指定的其他网站上公示中标候选人，公示期不得少于 3 日。

3. 中标

《招标投标法》规定，招标人根据评标委员会提出的书面评标报告和推荐的中标候选人确定中标人。招标人也可以授权评标委员会直接确定中标人。中标人的投标应当符合下列条件之一：①能够最大限度地满足招标文件中规定的各项综合评价标准；②能够满足招标文件的实质性要求，并且经评审的投标价格最低，但是投标价格低于成本的除外。在确定中标人前，招标人不得与投标人就投标价格、投标方案等实质性内容进行谈判。

依法必须进行招标的公路工程建设项目，招标人应当自确定中标人之日起

15 日内，将招标投标情况的书面报告报对该项目具有招标监督职责的交通运输主管部门备案。书面报告至少应当包括下列内容：①招标项目基本情况；②招标过程简述；③评标情况说明；④中标候选人公示情况；⑤中标结果；⑥附件，包括评标报告、评标委员会成员履职情况说明等。有资格预审情况说明、异议及投诉处理情况和资格审查报告的，也应当包括在书面报告中。

招标人应当及时向中标人发出中标通知书，同时将中标结果通知所有未中标的投标人。

招标人和中标人应当自中标通知书发出之日起 30 日内，按照招标文件和中标人的投标文件订立书面合同，合同的标的、价格、质量、安全、履行期限、主要人员等主要条款应当与上述文件的内容一致。招标人和中标人不得再行订立背离合同实质性内容的其他协议。

3.2.4　与招标投标相关的部分法规文件

与招标投标相关的法规文件有《招标投标法》《招标投标法实施条例》《必须招标的工程项目规定》《招标公告和公示信息发布管理办法》《工程建设项目自行招标试行办法》《公路工程建设项目招标投标管理办法》《电子招标投标办法》《评标委员会和评标方法暂行规定》《评标专家和评标专家库管理暂行办法》《民法典》《工程建设项目招标投标活动投诉处理办法》《工程建设项目货物招标投标办法》《工程建设项目施工招标投标办法》《工程建设项目勘察设计招标投标办法》《反不正当竞争法》等。

3.2.5　公路建设项目招标投标流程

公路建设项目招标投标流程如下：

1）编制招标文件。

2）发布招标公告或发出投标邀请书。

3）对潜在投标人进行资格审查。

4）向合格的潜在投标人发售招标文件。

5）组织潜在投标人勘察现场，召开标前会。

6）接受投标人的投标文件，并公开开标。

7）组建评标委员会评标，推荐中标候选人。

8）确定中标人，发中标通知书。

9）与中标人签订合同。

3.3 高速公路建设管理体制及其改革措施

改革开放以来，我国公路建设管理在不断探索实践和借鉴国外经验的基础上，逐步形成了以项目法人制、工程监理制、招标投标制和合同管理制等四项制度为核心内容的建设管理体制。

高速公路建设管理
体制及其改革

公路建设管理四项制度中，项目法人制明确了项目法人的建设管理主体责任，规范了法人主体行为，明确了项目相关各方的责权利关系，是为提升项目管理水平，提高投资效益和社会效益而建立的制度核心；工程监理制在公路工程质量、安全、进度、环境保护等方面发挥了重要的监督和控制作用，推进了政府在工程建设中的职能转变，是为提升建设管理水平，保障工程质量、安全和环境保护等而建立的制度内容；招标投标制为公路工程建设选择优秀队伍，控制工程造价提供了方法和规则，并为发展市场经济创造了促进公开、公平、公正竞争的制度环境；合同管理制为规范公路建设各方签约和履约提供了制度和法律法规保障。

公路建设四项制度的推行，对实现公路建设跨越式发展发挥了不可替代的作用。但随着公路建设的外部环境和内在要素等的变化，出现了一些不适应现实管理需要的新情况、新问题。面对变化和突出矛盾，2014 年交通运输部结合中央深化改革的战略部署，着手推进公路建设管理体制改革。

3.3.1 落实项目法人制

1. 项目法人

项目法人是指具有民事权利能力和民事行为能力，依法独立享有民事权利和承担民事义务的，并以建设项目为目的，从事项目管理的最高权力集团或组织。一般情况下，项目法人是由项目投资方派代表组成的董事会，由董事会指定项目负责人或领导班子，代表项目法人对建设工程项目进行具体管理。

项目法人是建设项目的拥有者、投资者、组织建设者和经营者，是建设项目管理的最高决策者。项目法人可以是政府组建或通过招标选择的法人集团，也可以是企业、个人或其他法人集团等。由项目法人任命项目经理，代表项目法人对建设项目进行管理和经营。

公路建设项目法人由项目出资人和项目建设管理法人组成。项目出资人依法履行出资人职责；项目建设管理法人是经依法设立或认定，具有注册法人资格的企事业单位，负责公路项目的建设管理，承担工程质量、安全、进度、投资控制等法定责任。

公路建设项目法人分为经营性公路建设项目法人和公益性公路建设项目法人。依法投资建设经营性公路项目的国内外经济组织为经营性公路建设项目法人。非经营性公路建设项目法人为公益性公路建设项目法人。经营性公路建设项目应依法成立有限责任公司或股份有限公司，办理公司登记；公益性公路建设项目应明确或组建项目法人，办理事业法人登记。

公路建设项目法人分甲级和乙级两类，甲级项目法人能承担各级公路（含各类桥梁和隧道）工程的项目管理，乙级项目法人能承担二级及以下公路（含大桥和长隧道）工程的项目管理。

2. 项目法人制度概述

项目法人责任制是指经营性建设项目由项目法人对项目的策划、资金筹措、建设实施、生产经营、偿还债务和资产的保值增值实行全过程负责的一种项目管理制度。凡列入国家和地方基本建设计划的公路建设项目必须实行项目法人责任制度，由项目法人对建设项目负总责。

《公路法》第二十三条规定：公路建设项目应当按照国家有关规定实行法人负责制度。

《公路建设市场管理办法》第十一条规定：公路建设项目依法实行项目法人负责制。项目法人可自行管理公路建设项目，也可委托具备法人资格的项目建设管理单位进行项目管理。项目法人或者其委托的项目建设管理单位的组织机构、主要负责人的技术和管理能力应当满足拟建项目的管理需要，符合国务院交通运输主管部门有关规定的要求。

《公路建设市场管理办法》第十二条规定：收费公路建设项目法人和项目建设管理单位进入公路建设市场实行备案制度。收费公路建设项目可行性研究报告批准或依法核准后，项目投资主体应当成立或者明确项目法人。项目法人应当按照项目管理的隶属关系将其或者其委托的项目建设管理单位的有关情况报交通运输主管部门备案。对不符合规定要求的项目法人或者项目建设管理单位，交通运输主管部门应当提出整改要求。

3. 落实项目法人制度措施

2015 年 4 月，交通运输部出台了《关于深化公路建设管理体制改革的若干意见》，提出要落实项目法人责任制，对项目法人的概念、职责等进行了明确，对项目法人的信用评价体系建设和监管提出了明确要求。对于目前由地方政府或交通运输主管部门直接负责建设管理的国省干线公路、农村公路项目，应按照政企分开、政事分开、监管与执行分开的原则，逐步过渡到由公路管理机构履行建设管理法人职责，或通过代建方式由专业化的项目管理单位负责建设。

按照项目投资性质，政府作为出资人的，应依法确定企业或事业单位作为建设管理法人；企业作为出资人的，应组建项目建设管理法人。项目建设管理法人应具备与项目建设管理相适应的管理能力，并承担项目建设管理职能及相应的法律责任。当项目建设管理法人不具备相应的项目建设管理能力时，应委托符合项目建设管理要求的代建单位进行建设管理，并依法承担各自相应的法律责任。项目法人在报送项目设计文件时，应将项目建设管理法人相关资料作为文件的组成内容一并上报。交通运输主管部门在设计审批时，应对项目建设管理法人的管理能力情况进行审核。对不满足项目建设管理要求的，应按规定要求其补充完善或委托代建。

交通运输主管部门要以项目为单位对项目建设管理法人和法人代表及项目管理主要人员开展考核和信用评价，不断完善对项目建设管理法人的监督约束机制和责任追究机制。考核内容涵盖项目建设管理法人和主要负责人的管理行为与项目建设的质量、安全、进度、造价等控制情况。通过考核激励和责任追究，强化项目建设管理法人的主体意识和责任意识，提高项目管理专业化水平。

3.3.2　改革工程监理制

1. 工程监理制概述

我国的建设工程监理制于 1988 年开始试点，从法律上明确了监理制度的法律地位。为推行工程监理制度试点工作，交通部先后在利用世界银行贷款的西安至三原一级公路、京津塘高速公路和天津港东突堤工程等交通基础设施建设项目中，按照国际通行的菲迪克合同条款要求，实行了国际招标和工程监理制度。1993 年 11 月交通部决定在全国公路、水运工程系统全面推行工程监理制度。1997 年《建筑法》以法律制度的形式做出规定，"国家推行建筑工程监理制度"，从而使建设工程监理在全国范围内进入全面推行阶段。至今我国交通建设行业实行工程监理制度已超过 30 年。

监理单位受项目法人委托，依据法律、行政法规及有关的技术标准、设计文件和建筑工程合同，对承包单位在施工质量、建设工期和建设资金等方面，代表建设单位实施监督。建设监理是商品经济发展的产物。推行建设工程监理制度的目的是确保工程建设质量和安全，提高工程建设水平，充分发挥投资效益。

公路建设项目工程监理是由具有公路工程监理资格的监理单位，按国家有关规定受项目法人委托对施工承包合同的执行、工程质量、进度、费用等方面进行监督与管理。从事公路建设项目的工程监理单位，必须符合公路建设市场准入条件。监理单位必须根据监理服务合同，建立相应的现场监理机构，健全工程监理质量保证体系，配备足够的、合格的人员和设备，确保对工程进行有效监控。

承担工程监理任务的人员应具备相应的能力和技术条件：①项目总监、总监代表、高级驻地监理工程师，应具有高级工程师或高级经济师职称，并具有交通部颁发的监理工程师证书；②专业监理工程师应具有工程师或经济师职称和省级以上交通主管部门颁发的专业监理工程师证书；③测量、试验及现场旁站等监理员应具有初级技术职称并经过专业技术培训和监理业务培训；④监理人员数量应根据工程规模、投资、工期、复杂程度等因素确定，并签订合同。监理人员在工程施工期间不得随意更换，保证监理工作的连续性。

监理现场必须配备相应的检测、通信、交通工具等设备，设有经交通主管部门检验合格的独立实验室。

监理单位和监理人员必须全面履行监理服务合同和施工合同规定的各项监理职责，按照有关法律、法规、规章、技术规范、设计文件要求进行工程监理；不得营私舞弊、滥用职权，不得损害项目法人和承包人的利益。

2. 改革工程监理制措施

1）坚持和完善工程监理制，更好地发挥监理作用。按照项目的投资类型及建设管理模式，由项目建设管理法人自主决定工程监理的实现形式。

2）明确监理定位。工程监理在项目管理中不作为独立的第三方，监理单位是对委托人负责的受托方，按合同要求和监理规范提供监理咨询服务。

3）明确监理职责和权利。监理工作是项目建设管理工作的重要组成部分。监理单位根据项目建设管理法人要求，按照合同约定的权利和义务，依法、依合同开展监理工作。监理单位依法承担监理合同范围内规定的相应责任。

4）调整完善监理工作机制。监理工作应改进方式，以质量、安全为重点，加强程序控制、工序验收和抽检评定，加强对隐蔽工程和关键部位的监理，精简内业工作量，明确环境监理和安全监理工作内容，落实对质量安全等问题的监督权和否决权。

5）引导监理企业和监理从业人员转型发展。引导监理企业逐步向代建、咨询、可行性研究、设计和监理一体化方向发展，拓展业务范围，根据市场需求，提供高层次、多样化的管理咨询服务。政府部门也可通过购买服务的方式委托监理企业开展相关工作。深化监理人员执业资格制度改革，提高监理人员的实际能力、专业技术水平和职业道德水平。引导监理市场规范有序发展，维护监理企业的合理利润和监理人员的合理待遇。

3.3.3 完善招标投标制

1）坚持依法择优导向。遵循"公开、公平、公正、择优"原则，尊重项目建设管理法人依法选择参建单位的自主权。改进资格审查和评标工作，加强信用评价结果在招标投标中的应用，采取有效措施防止恶意低价抢标、围标串标。大力推进电子招标投标，完善限额以下简易招标制度。加强对评标专家的管理，实行评标专家信用管理制度。

2）健全规章制度体系。加快制定公路建设项目代建、设计施工总承包招标投标管理办法及标准招标文件，加快修订施工、设计、监理等招标投标管理办法。对出资人自行设计和施工的项目，要进一步完善投资人招标等有关规定。

3）加强政府监管。交通运输主管部门要按照当地政府的有关规定，具备条件的公路建设项目招标投标应进入公共资源交易市场。要依法纠正招标投标中的违法行为，不得干预招标人的正常招标活动。要坚持信息公开，鼓励社会监督，规范招标投标行为。

3.3.4 强化合同管理制

1. 合同管理制概述

改革开放以后，随着计划经济体制向市场经济体制转型，市场主体的法人地位逐步确立，同时招标投标作为业主选择承包商的市场手段逐步推广，这些都促进了建设工程管理中合同的普及，并逐步形成了合同管理制度。

1979 年 4 月，国家建委颁布《关于试行基本建设合同制的通知》，提出必须坚持按经济规律办事，充分运用合同管理基本建设；1979 年国家建委颁布了《建筑安装工程合同实行条例》和《勘察设计合同试行条例》，推动了建筑合同制度的施行。1983 年 8 月 8 日，国务院颁布《建筑安装工程承包合同条例》和《建设工程勘察设计合同条例》，更加详细地规定了建筑安装和勘察设计工作中发包人和承包人的权利、义务和法律责任等，并提出基本建设推行合同制度的意见。

合同管理制与招标投标制相伴而生，1999 年 3 月《合同法》出台，1999 年

8 月《招标投标法》出台，并陆续出台了一系列的法规规章制度，如 2000 年 1 月颁布了《建设工程质量管理条例》，2004 年 2 月颁布了《建设工程安全生产管理条例》等，建立健全了建设工程合同管理制度，明确了合同各方当事人的法律地位和权利、责任、义务，对提高建设工程管理水平起到了极大的推动作用。

2. 公路建设合同特征和内容

公路建设合同是承包方与发包方之间确立的承包方完成约定的工程项目，发包方支付价款与酬金的协议，它包括工程勘察、设计、施工合同。建设工程监理合同不能直接归入《合同法》规定的有名合同之中，根据《合同法》的规定，建设工程监理合同应作为委托合同处理。

（1）特征

公路建设工程合同除了一般合同共有的特征之外，还具有以下特征：

1）具有计划性和程序性。公路建设承包合同必须根据国家规定的程序和批准的投资计划，计划任务书等文件签订。国家重大公路工程建设项目，应根据国家批准的投资材料、可行性研究报告等文件和规定的程序签订公路建设承包合同。

2）合同的标的具有特殊性。公路建设承包合同的标的只能是公路建设工程，而非一般的工作成果。

3）合同的主体具有限定性。公路建设承包合同的主体是建设人和承建人，建设人即发包方，承建人即承包方。从事公路建设承包的承包方应当具备下列条件：有符合国家规定的注册资本；有与其从事公路建设相适应的具有法定执业资格的专业技术人员；有从事相关公路建设所应有的技术装备；法律、行政法规规定的其他条件。同时，根据有关部门颁发的《关于对参与公路工程投标和施工的公路施工企业资质要求的通知》《建筑业企业资质管理规定》《建筑业企业管理规定实施意见》等文件精神，公路施工企业应在规定的承包范围内承包工程，不得跨资质序列、越级、超范围承包工程。

4）公路建设承包合同的管理具有严格性。国家对公路建设承包合同实行特殊的管理、监督，对合同的订立和履行进行行政监督，对合同的拨款、结算进行银行监督，保证专款专用。

5）公路建设承包合同的联系结构具有复杂性。公路建设承包合同可以由一个总承包单位与建设单位签订总承包合同，也可以由几个承包单位与建设单位分别按标段签订合同。大型公路建设工程或者结构复杂的公路建设工程，可以由两个以上的承包人承揽，承包人各方对该公路建设工程承担连带责任。禁止承包人将其承揽的全部公路建设工程或者公路建设工程的主要部分转包他人。同时，也禁止承包人将其承揽的全部公路建设工程或者公路建设工程的主要部分肢解后以分包的名义分别转包他人。

（2）内容

公路建设项目合同必须遵循诚实信用的原则，依法签订合同。必须明确双方的权利和义务，按照法定程序和有关要求，由签约双方的法定代表人或其授权代表签订。公路建设项目合同应采用交通主管部门颁布的有关合同范本，并可邀请公证机关公证。公路建设项目合同必须符合国家和交通部制定的有关技术标准、规范、规程及批准的设计文件，科学、合理地确定勘察设计周期、施工工期和供货安装期限。

公路建设项目合同包括勘察设计合同、施工合同、监理服务合同、设备材料采购合同等。

1）勘察设计合同。勘察设计合同内容应包括提交有关基础资料和设计文件的期限、质量要求、费用支付等条款；勘察设计单位必须按照合同约定，按期提供勘察资料和设计文件，并对所提供资料的真实性、完整性和设计质量负责，完成设计变更、派驻设计代表等后续服务工作；项目法人应提供勘察设计必需的有关资料和相关条件，并按合同规定支付费用。

2）施工合同。施工合同内容包括工程范围、建设工期、合同价、合同条款、技术规范、图纸等；施工单位对施工的工程质量、进度和安全负责。施工单位的管理、技术人员及施工设备必须按合同约定及时到位，均衡组织生产，按期完成施工任务；严禁将工程转包和违法分包；项目法人必须按合同约定及时提供施工图、施工用地，按时拨付工程款，协调施工外部环境；不得违反合同，强行分包，不得指定采购材料和设备，不得随意压缩工期。

3）监理服务合同。监理服务合同内容应包括监理现场组织机构、监理工程师资格、主要检测设备的配备要求、质量责任、费用支付等条款；监理单位应按合同约定及时派驻现场监理机构和人员，配齐设备，依照公路工程监理办法和监理规范要求开展监理工作；项目法人必须按合同约定，及时提交施工合同，提供或协助安排监理驻地、交通工具、试验检测仪器等，并按期支付监理费用，为监理单位开展工作创造条件。

4）设备材料采购合同。设备材料采购合同内容主要包括供货品种、交货期限、设备安装要求、质量标准、验收方法、费用支付等条款；供货人应按合同约定的期限和地点交付货物，安装设备，并负责设备调试和质量保修期内的维修服务。收货人因货物或设备安装不符合质量要求的，可以拒收，并按合同规定提出索赔或解除合同。

合同双方应按合同履行自己的义务，不得违约。合同一方有权按规定程序，对不能履行合同义务的另一方提出索赔，违约方应按合同规定承担赔偿责任。合同内容变更应依据合同约定办理。对超出合同约定范围的变更，合同双方可进行协商，签订补充协议或修改合同，但不得对合同内容做实质性的更改，也不得订立背离合同实质性内容的其他协议，更不能擅自终止或解除合同。合同双方在执行合同过程中发生争议的，可以和解或请第三方进行调解，也可以依法仲裁或向人民法院提起诉讼。

各级政府交通主管部门应依照法律、法规的规定，加强对合同执行情况的监督；对造成工程质量、生产安全事故或工程进度严重滞后的，应按照公路建设市场管理的有关规定进行处罚。任何单位和个人不得非法干预合同的签订和履行。

3. 强化合同管理制措施

各级交通运输主管部门和从业单位应强化法律意识与契约意识，杜绝非法合同、口头协议和纸外合同等不规范现象。不断完善合同管理体系，研究制定《公路建设项目合同管理办法》，健全标准合同范本体系，制定代建、设计施工总承包、公路简明施工等标准合同范本，坚持以合同为依据规范项目建设管理工作。

加强对合同谈判、签订、履行、变更、结算等全过程管理，进一步完善工作机制和管理制度，注重培养合同管理人才，提高合同管理的科学化水平。强化合同执行情况的监督，通过履约考核、信用评价、奖励处罚等措施，督促合同双方履约守信。

3.4 高速公路建设管理法律法规

3.4.1 公路建设管理法律法规的形式

法律法规是指中华人民共和国现行有效的法律、行政法规、部门规章、地方性法规、地方规章、自治条例和单行条例及国际条约和国际惯例等。

1. 法律

这里讲的法律是狭义的法律，是指全国人大及其常委会制定并通过的规范性文件。公路建设法规的表现形式有两种，一种是本身为公路建设法的法律，如《公路法》，另一种是部分内容涉及公路建设方面的法律，例如《建筑法》《招标投标法》。

2. 行政法规

行政法规是国务院制定或批准的规范性文件。国务院已制定或批准了大量的公路建设行政法规，如《公路安全保护条例》等。

3. 部门规章

部门规章是指国务院各部、委制定的规范性文件。交通运输部是公路、水路交通及国家民用航空局、国家邮政局的主管部门，其制定的规章有《公路建设监督管理办法》等。部门规章是公路建设管理法规中常见的表现形式。

4. 地方性法规

地方性法规是指省、自治区、直辖市的人民代表大会及其常委会，省、自治区人民政府所在地的市和经国务院批准的较大的市的人民代表大会及其常委会制定和颁布的在本地区产生效力的规范性文件。全国各地都有制定一些地方性交通法规。

5. 自治条例和单行条例

自治条例和单行条例是民族区域自治地方人民代表大会及其常委会依照当地民族的政治、经济和文化特点制定并颁布的规范性文件。

6. 地方规章

地方规章是指省、自治区、直辖市以及省、自治区人民政府所在地的市和经国务院批准的较大的市的人民政府，根据法律和国务院的行政法规，制定在本地区发生效力的规范性文件。目前，具有立法权的地方各级人民政府制定了相当数量的地方公路建设规章，它们在发展地方交通事业和解决地域性突出的问题上，发挥着重要作用。

7. 国际条约和国际惯例

国际条约是国家之间缔结或参加的、对缔约国或参加国具有拘束力的明示协议。国际惯例是国际上重复类似的行为并被认为具有法律约束力的默示协议，例如 FIDIC 条款等。国际条约和国际惯例也是公路建设管理法规的重要表现形式。

3.4.2 公路建设管理法律法规的现状

1. 与公路建设管理相关的部分法律法规

1)《中华人民共和国公路法》(2017 年 11 月 4 日,中华人民共和国主席令第 81 号)。

2)《中华人民共和国建筑法》(2022 年 1 月 10 日,中华人民共和国主席令第 29 号)。

3)《中华人民共和国民法典》(2020 年 5 月 28 日,中华人民共和国主席令第 45 号)。

4)《中华人民共和国招标投标法》(2017 年 12 月 27 日,中华人民共和国主席令第 86 号)。

5)《中华人民共和国公司法》(2018 年 10 月 26 日,中华人民共和国主席令第 15 号)。

6)《中华人民共和国环境保护法》(2014 年 4 月 24 日,中华人民共和国主席令第 9 号)。

7)《中华人民共和国行政处罚法》(2021 年 1 月 22 日,中华人民共和国主席令第 70 号)。

8)《中华人民共和国民事诉讼法》(2021 年 12 月 24 日,中华人民共和国主席令第 106 号)。

9)《中华人民共和国劳动法》(2018 年 12 月 29 日,中华人民共和国主席令第 24 号)。

10)《中华人民共和国安全生产法》(2021 年 6 月 10 日,中华人民共和国主席令第 88 号)。

11)《中华人民共和国土地管理法》(2019 年 8 月 26 日,中华人民共和国主席令第 32 号)。

12)《中华人民共和国消防法》(2021 年 4 月 29 日,中华人民共和国主席令第 81 号)。

13)《中华人民共和国刑法》(2020 年 12 月 26 日,中华人民共和国主席令第 66 号)。

14)《建设工程质量管理条例》(2019 年 4 月 23 日,国务院令第 714 号)。

15)《建设工程安全生产管理条例》(2003 年 11 月 24 日,国务院令第 393 号)。

16）《建设工程勘察设计管理条例》（2022 年 6 月 22 日，国务院令第 662 号）。

17）《建设项目环境保护管理条例》（2017 年 7 月 16 日，国务院令第 682 号）。

18）《公路安全保护条例》（2011 年 3 月 7 日，国务院令第 593 号）。

19）《收费公路管理条例》（2004 年 9 月 13 日，国务院令第 417 号）。

20）《地震安全性评价管理条例》（2019 年 3 月 2 日，国务院令第 709 号）。

21）《生产安全事故报告和调查处理条例》（2007 年 4 月 9 日，国务院令第 493 号）。

22）《安全生产许可证条例》（2014 年 7 月 29 日，国务院令第 653 号）。

23）《国务院关于投资体制改革的决定》（2004 年 7 月 16 日，国务院国发 〔2004〕20 号令）。

24）《对外承包工程管理条例》（2017 年 3 月 1 日，国务院令第 676 号）。

25）《电子招标投标办法》（2013 年 2 月 4 日，国家发改委令第 20 号）。

2. 与公路建设管理相关的部分部门规章

1）《公路建设项目可行性研究报告编制办法》（2010 年 4 月 16 日，交规划发 〔2010〕178 号）。

2）《公路工程建设项目招标投标管理办法》（2015 年 12 月 8 日，交通运输部令 2015 年第 24 号）。

3）《公路建设监督管理办法》（2021 年 8 月 11 日，交通运输部令〔2021〕第 11 号）。

4）《公路建设项目评标专家库管理办法》（2011 年 12 月 29 日，交通运输部令〔2011〕第 797 号）。

5）《评标委员会和评标方法暂行规定》（2001 年 7 月 5 日，国家计划委员会等七部委令〔2001〕第 12 号，2013 年 4 月修订）。

6）《实施工程建设强制性标准监督规定》（2021 年 3 月 30 日，建设部令〔2021〕第 52 号）。

7）《评标专家和评标专家库管理暂行办法》（2003 年 2 月 22 日，国家计划委员会令第 29 号公布）。

8）《公路网规划编制办法》（2010 年 3 月 1 日，交规划发〔2010〕112 号）。

9）《公路水运工程质量监督规定》（2005 年 5 月 8 日，交通运输部令 2017

年第 28 号）。

10）《公路水运工程监理企业资质管理规定》（2022 年 4 月 24 日，交通运输部令〔2022〕第 12 号）。

11）《公路建设市场管理办法》（2015 年 7 月 14 日，交通运输部令〔2015〕第 11 号）。

12）《公路水运工程质量监督管理规定》（2017 年 9 月 14 日，交通运输部令〔2017〕第 28 号）。

13）《交通基本建设资金监督管理办法》（2009 年 12 月 24 日，交通运输部交财发〔2009〕第 782 号）。

14）《公路建设水土保持工作规定》（2001 年 1 月 16 日，水利部、交通部水保〔2001〕第 12 号）。

15）《关于进一步加强公路项目建设单位管理的若干意见》（2011 年 8 月 10 日，交公路〔2011〕438 号）。

16）《公路水运工程监理企业资质管理规定》（2022 年 4 月 3 日，交通运输部令 2022 年第 12 号）。

17）《工程建设项目招标投标活动投诉处理办法》（2004 年 7 月 6 日，国家发改委等七部委第 11 号令）。

18）《收费公路权益转让办法》（2008 年 8 月 20 日，交通运输部、国家发展和改革委员会、财政部令 2008 年第 11 号）。

19）《公路水运工程安全生产监督管理办法》（2017 年 6 月 12 日，交通运输部令 2017 年第 25 号）。

20）《公路建设项目代建管理办法》（2015 年 5 月 7 日，交通运输部令 2015 年第 3 号）。

21）《公路水运工程试验检测管理办法》（2019 年 11 月 28 日，交通运输部令 2019 年第 38 号）。

22）《公路工程设计施工总承包管理办法》（2015 年 6 月 26 日，交通运输部令 2015 年第 10 号）。

23）《公路建设市场管理办法》（2015 年 6 月 26 日，交通运输部令 2015 年第 11 号）。

24）《交通建设项目委托审计管理办法》（2015 年 6 月 24 日，交通运输部令 2015 年第 12 号）。

25）《经营性公路建设项目投资人招标投标管理规定》（2015 年 6 月 24 日，

交通运输部令 2015 年第 13 号）。

26）《公路工程造价管理暂行办法》（2016 年 9 月 2 日，交通运输部令 2016 年第 67 号）。

27）《超限运输车辆行驶公路管理规定》（2021 年 8 月 11 日，交通运输部令 2021 年第 12 号）。

28）《交通运输部关于修改〈路政管理规定〉的决定》（2016 年 12 月 10 日，交通运输部令 2016 年第 81 号）。

29）《公路超限检测站管理办法》（2011 年 6 月 24 日，交通运输部令 2011 年第 7 号）。

3.5　公路建设市场信用体系

诚信是社会主义核心价值观之一。人无信不立，业无信不兴。全国公路建设市场信用信息管理系统建设工作，是交通运输部积极践行社会主义核心价值观、加强公路建设市场诚信体系建设的最核心的体现之一。近年来，交通运输部深入推进全国公路建设市场信用信息管理系统建设运行，以加强宣传、完善制度、深化监管等为主要措施，不断增加项目管理信息公开数量，拓宽信用评价范围，加大信用管理深度，有效规范了公路建设市场秩序。

1. 公路建设市场信用体系建立历程

交通运输部一直注重信用体系制度建设的推动和引导作用，历经 10 余年，从最初的探索到全国公路建设市场信用信息管理系统实施运行，一步一个脚印，扎扎实实地建立了一套完善的公路建设市场信用体系。

2003 年，交通部开始探索把信用管理作为市场管理的手段，开发了"施工企业信息系统（即全国公路建设市场信用信息管理系统的前身），应用于项目招标投标和资质管理。

2009 年，交通运输部发布了《公路建设市场信用信息管理办法》《公路施工企业信用评价规则》《公路水运工程监理信用评价办法》和《公路水运工程试验检测信用评价办法》，初步建立了公路信用管理体系，逐步开展公路工程施工、监理和试验检测企业信用评价工作。

2010 年，交通运输部发布了《关于运行全国公路建设市场信用信息管理系统的通知》，信用信息系统上线运行。同年发布了《关于加快公路建设市场信用体系建设的通知》，进一步明确了公路建设市场信用体系建设的重要性，积极推进省级信用信息平台的建设。

2013 年，交通运输部发布了《公路设计企业信用评价规则》，同步组织建立公路设计企业信用信息数据库，在此前工作的基础上，增加了公路设计企业信用评价功能，进一步扩充完善系统数据结构。

2016 年 6 月 10 日，全国公路建设市场信用信息管理系统正式运行，实现了数据共享，不断提升公路系统信息化水平。

2. 全国公路建设市场信用信息管理系统的功能与成效

系统自上线运行以来，经不断的升级完善，扩充调整，功能已十分全面，其作用也日益凸显，得到了行业乃至社会各界的热烈反响。

1）系统信息基本实现了公路工程设计资质甲乙级企业、施工资质一级及以上企业、监理资质甲乙级企业信息全覆盖，形成了行业全面、准确、权威的数据库。

2）信用评价全面开展。系统根据其内部的固化公式以及省级系统报送的基础数据，自动完成对从业企业的全国综合评价，极大地减少工作量及人为因素影响，确保信用评价信息客观、准确。根据交通运输部确定的统一规则，公路工程设计、施工、监理及试验检测企业信用评价均已全面开展，基本实现了按照全国统一标准对交通建设市场从业企业及人员进行信用评价与管理。

3）信用评价结果的应用。为进一步推动信用信息的应用，从根本上提升行业诚信意识，交通运输部全面建立了公路建设市场守信激励、失信惩戒机制，将信用评价结果与公路建设项目招标投标、企业资质管理、行业市场监管等工作深度结合，公路建设市场信用信息管理系统及相关信用信息在市场经营活动中得到了实际应用。

① 按《公路工程建设项目招标投标管理办法》规定，评标委员会应当查询交通运输主管部门的公路建设市场信用信息管理系统，对投标人的资质、业绩、主要人员、信用评价结果等信息进行核实；信息不符的，可视情况否决其投标。

② 建立守信联合激励机制，对信用好的企业在参与投标数量、可中标段数量、资格审查、减免保证金等方面给予一定优惠和奖励。

③ 建立失信联合惩戒机制，部级系统设立了失信"黑名单"，对各省严重失信行为进行公开，形成"一处失信、处处受限"的信用格局。

④ 将信用等级纳入企业资质升级考核指标，限制信用较差的企业申请更高的资质等级。

4）评标专家管理。通过评标专家管理子系统，实现专家在线更新个人信息，网上异地抽取专家，自动记录抽取过程，专家业主匿名立评动态考核专家行为，自动提醒违规行为等功能，有效地减少了评标过程中的违规问题。

复　习　题

1. 我国高速公路建设资金筹集大致经历了哪三个阶段？
2. 简述公路建设工程招标投标的概念。
3. 简述公路建设工程招标的范围。
4. 简述公路建设四项制度的内涵和相互关系。
5. 公路建设合同有什么特征？
6. 什么是行政法规？
7. 公路建设管理法律法规与部门规章有什么区别？
8. 公路建设市场信用信息管理系统有什么作用？

4

第 4 章
高速公路设计

重点难点

高速公路平面线形要素及组合；高速公路纵断面线形设计；高速公路横断面设计的基本要素。

本章学习要求

了解高速公路的设计依据，熟悉车型、车速及交通量、通行能力、服务水平等概念；掌握平面线性组成，直线、圆曲线和缓和曲线设计的原理及基本方法；熟悉纵断面线形设计的原理、基本方法及相关规定；熟悉横断面设计的基本内容和相关要求；了解高速公路立体交叉的几种类型。

相关知识链接

1)《公路路线设计规范》（JTG D20—2017）。

2)《公路工程技术标准》（JTG B01—2014）。

4.1 | 高速公路的设计依据

4.1.1 设计车型

设计车型是道路几何设计时选择的有代表性的车型，它是根据当前本国行驶车辆的状况、汽车发展的趋势和国民经济发展水平等因素所确定的。设计车型在道路几何设计中也起着重要的控制作用，道路的路幅组成，弯道加宽、交叉口设计，纵坡、视距等都与设计车型的外部尺寸有着密切的关系。

我国的汽车种类很多，设计车型应能代表这些汽车中的大部分。设计车型实际上并不是某一种具体牌号的汽车，其外型尺寸往往是虚构的，但能代表某一类的汽车。《公路路线设计规范》（JTG D20—2017）规定的设计车型外廓尺寸见表 4-1。

表 4-1　设计车型外廓尺寸

车辆类型	总长/m	总宽/m	总高/m	前悬/m	轴距/m	后悬/m
小客车	6	1.8	2	0.8	3.8	1.4
大型客车	13.7	2.55	4	2.6	6.5+1.5	3.1
铰接客车	18	2.5	4	1.7	5.8+6.7	3.8
载重汽车	12	2.5	4	1.5	6.5	4
铰接列车	18.1	2.55	4	1.5	3.3+1.1	2.3

4.1.2　设计车速

1. 设计速度

设计速度是高速公路设计时确定几何线形的基本要素。它是指当气候条件良好、交通密度小、汽车运行只受道路本身条件（几何要素、路面、附属设施等）的影响时，中等驾驶技术的驾驶人能保持安全、顺适行驶的最大行驶速度。

设计速度是决定道路几何形状的基本依据。道路的曲线半径、超高、视距等直接与设计速度有关，同时也影响车道宽度、中间带宽度、路肩宽度等指标的确定。

根据《公路工程技术标准》（JTG B01—2014），高速公路设计速度划分为三个等级，见表 4-2。

表 4-2　高速公路设计速度

公路等级	高速公路		
设计速度/（km/h）	120	100	80

各级公路设计速度应根据公路的功能、等级、交通量，结合沿线地形、地质等状况，经论证确定。对于高速公路，应根据交通量、交通组成和性质，结合地区、地形特点确定高速公路设计速度的标准。设计速度应以小客车为主考虑。

高速公路作为国家及省属重要干线公路或位于地形、地质良好的平原、丘陵地段时，经技术经济论证，其设计速度宜采用 120km/h 或 100km/h；当受地形等自然条件限制时，经论证可选用 80km/h；特殊困难的局部路段，且因新建工程可能诱发工程地质病害时，或位于地形、地质等自然条件复杂的山区及交通量较小的高速公路时，经论证并报主管部门批准，该局部路段的设计速度可采用60km/h，但长度不宜大于15km，或仅限于相邻两互通式立体交叉之间，与其相邻路段的设计速度不应大于80km/h。

2. 运行速度

设计速度与运行速度是两个不同的概念。运行速度是指在特定路段长度上车辆实际行驶速度。它受气候、地形、交通密度及公路本身条件的影响，同时与驾驶人的技术也有很大的关系。由于不同的车辆在行驶过程中可能采用不同的车速，通常用测定的第85个百分点上的车辆行驶速度作为运行速度。

3. 限制速度

限制速度通常是指对一定长度距离内的路段规定一定数值范围内的行车速度，主要目的为预先提醒驾驶人在前方后续路段行驶中合理控制车速，防范超速危险。限制速度是高速公路设计中最重要的一环。高速公路限制速度应根据设计速度、运行速度及路侧干扰与环境等因素综合论证确定。在设计阶段科学合理地确定公路的限速值以及限速方式和方法，不仅可以保障车辆的安全运行，同时还可以充分发挥道路的运输效率。

4.1.3 交通量、通行能力和服务水平

1. 交通量

交通量是指单位时间内通过道路某一断面的交通流量。其具体数值由交通调查及交通量预测确定。交通量的调查、分析及预测是对道路建设项目进行可行性研究、评价及几何线形设计的重要依据之一。

（1）设计交通量

设计交通量是指单位时间（每小时或昼夜）内通过公路某断面往返车辆折合成设计标准车型的交通流量（即单位时间通过公路某断面的车辆总数）。

（2）设计小时交通量

小时交通量（辆/h）是以小时为计算时段的交通量，是确定车道数和车道宽度或评价服务水平的依据。一年中的每月、每日、每小时交通量的变化是相当大的，如果用一年中最大的高峰小时交通量作为设计依据，必然造成浪费，但如果采用日平均小时交通量则不能满足实际需要，甚至造成交通阻塞。因此，必须选择适当的小时交通量作为设计小时交通量。

（3）车辆折算系数

《公路工程技术标准》（JTG B01—2014）将小客车定为各级公路设计交通量换算的标准车型。高速公路以小客车为设计车型，各种汽车均折合成小客车的交通量。用于交通量换算的车辆折算系数是在特定的公路与交通组成条件下，所有非标准车相当于标准车（小客车）对交通流影响的当量值。汽车代表车型和车辆折算系数按表 4-3 采用。

表 4-3　汽车代表车型和车辆折算系数

汽车代表车型	总长/m	说明
小客车	1.0	座位≤19 座的客车和载质量≤2t 的货车
中型车	1.5	座位>19 座的客车，2t<载质量≤7t 的货车
大型车	2.5	7t<载质量≤20t 的货车
汽车列车	4.0	载质量>20t 的货车

2. 通行能力与服务水平

（1）通行能力

道路通行能力也称道路容量，是指道路的某一断面在单位时间内所能通过的最大车辆数。通行能力实质上是道路负荷性能的一种量度，它既反映了道路疏通交通的最大能力，也反映了在规定特性前提下，道路所能承担车辆运行的极限值。通行能力一般以 veh/h（辆/小时）、pcu/h（当量标准小客车/小时）表示，基本单位是 pcu/(h·ln)（当量标准小客车/小时/车道）。

（2）影响通行能力的因素

影响通行能力的因素有很多，主要有道路条件和交通条件，此外，还有管制条件、环境和气候条件及规定的运行条件等。所谓道路条件是指道路的几何条件和与其相关的其他条件，如车道宽度、侧向余宽、路面状态、道路线形等；交通条件是指车流中的车辆构成、车道分布、交通量变化状况、车速及车头间距等。

（3）通行能力的分类

根据道路通行能力的作用性质可分为三种：

1）基本通行能力。是指在理想的道路、交通、控制和环境条件下，一条车道或车行道的均匀段上或一横断面上，不论服务水平如何，1h 所能通过标准车辆的最大数。

2）可能通行能力。是指已知公路的一组成部分在实际或预计的道路、交通、控制及环境条件下，一条车道或车行道有代表性的均匀段上或一横断面上，不论服务水平如何，1h 所能通过的最大车辆数。

3）设计通行能力。是指设计中公路的一组成部分在预计的道路、交通、控制及环境条件下，一条车道或车行道有代表性的均匀段上或一横断面上，不论服务水平如何，1h 所能通过的最大车辆数。

（4）服务水平

1）服务水平的概念。服务水平是指道路使用者从道路状况、交通与管制条件、道路环境等方面可能得到的服务程度或服务质量。如可以提供的行车速度、舒适、方便、驾驶人的视野，以及经济安全等。

2）服务水平指标划分：①行车速度和运行时间；②车辆行驶时的自由程度（通畅性）；③交通受阻或受干扰的程度，以及行车延误和每千米停车次数等；④行车的安全性（事故率和经济损失等）；⑤行车的舒适性和乘客满意的程度；⑥最大密度，每车道每千米范围内车辆的最大密度；⑦经济性（行驶费用）。

3）服务水平分级。我国高速公路服务水平分级见表4-4，在设计中，我国高速公路采用二级服务水平进行设计。

表 4-4　高速公路服务水平分级

服务水平等级	u/C 值	设计速度/（km/h）		
		120	100	80
		最大服务交通量 /[pcu/(h·ln)]	最大服务交通量 /[pcu/(h·ln)]	最大服务交通量 /[pcu/(h·ln)]
一	$u/C \leqslant 0.35$	750	730	700
二	$0.35 < u/C \leqslant 0.55$	1200	1150	1100
三	$0.55 < u/C \leqslant 0.75$	1650	1600	1500
四	$0.75 < u/C \leqslant 0.90$	1980	1850	1800
五	$0.90 < u/C \leqslant 1.00$	2200	2100	2000
六	$u/C > 1.00$	0～2200	0～2100	0～2000

注：u/C 是在基准条件下，最大服务交通量与基本通行能力之比。基本通行能力是五级服务水平条件下对应的最大小时交通量。

4）服务交通量。服务交通量是指在通常的道路条件、交通条件和管制条件下，并保持规定的服务水平时，道路的某一断面或均匀路段在单位时间内所能通过的最大小时交通量。不同的服务水平允许通过的服务交通量不同。服务等级高的道路车速快，延误少，驾驶员开车的自由度大，舒适性与安全性好，但是其相应的服务交通量小；反之，允许的服务交通量就大，则服务水平低。服务交通量不是一系列连续值，而是不同的服务水平条件允许通过的最大值，反映某一特定服务水平下道路所能提供的疏导交通的能力极限，是不同服务水平之间的流量界限。

4.1.4　高速公路用地和建筑限界

高速公路建筑限界又称净空，由净高和净宽两部分组成，是保证公路上的车辆正常通行与安全，在一定宽度和高度范围内不得有任何障碍物侵入的空间范围。公路建筑限界是横断面设计的重要依据，设计时应充分研究组成路幅要素的相互关系及公路各种设施的设置规划，在有限空间内做出合理的安排。在净空范围内绝对不允许桥台、桥墩以及照明灯柱、护栏、信号灯、标志、电杆等设施侵入道路建筑限界内。

1. 净高

净高即净空高度，是指公路在横断面范围内保证安全通行所必须满足的竖向高度。

1）净高应考虑汽车装载高度、安全高度及路面铺装等因素确定。

2）我国载货车的装载高度限制为 4.0m，外加 0.5m 的安全高度，一般采用 4.5m 的净高。

3）大型设备运输、路面积雪和路面铺装在养护中的加厚等原因，规定高速公路的净高为 5.0m。

4）一条公路应采用相同的净高。

当构造物位于道路凹形竖曲线上方时，长大车辆通过会形成圆弧上的一条弦而降低构造物下有效净高，设计时应保证有效净高的要求；公路下穿宽度较宽或斜交角度较大的跨线构造物时，应保证公路路面与构造物底部任意点距离均满足净高的需要。

2. 净宽

净宽是指公路在横断面范围内保证安全通行所必须满足的横向宽度。

净宽包括行车带、路肩、中间带、绿带等的宽度。路肩在净空范围内，因此公路上各种设施（标志、护栏等）均应设置在右路肩以外的保护性路肩上，而且必须保证其伸入部分在净高以上。设于中间带和路肩上的桥墩或门式支柱不应紧靠建筑限界，应留有设置防护栏的余地（不小于 0.5m）。当设置加（减）速车道、紧急停车带、爬坡车道时，建筑限界应包括相应部分的宽度。

3. 高速公路建筑限界的规定

高速公路建筑限界如图 4-1 所示。

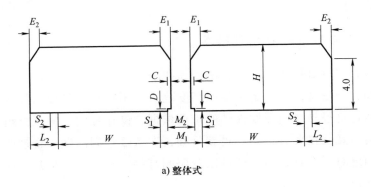

a) 整体式

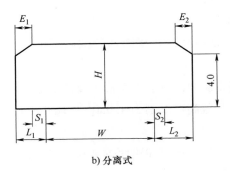

b) 分离式

图 4-1　高速公路建筑限界（尺寸单位：m）

图 4-1 中：

W——行车道宽度；

S_1、S_2——左侧路缘带宽度、右侧路缘带宽度；

M_1、M_2——中间带宽度、中央分隔带宽度；

L_1、L_2——左侧硬路肩宽度、右侧硬路肩宽度；

C——安全带宽度，当设计速度大于或等于 100km/h 时为 0.5m，当设计速度小于 100km/h 时为 0.25m；

D——路缘石宽度，小于或等于 0.25m，高速公路可不设路缘石；

E_1、E_2——建筑限界左、右顶角宽度；

H——净空高度。

4.2 高速公路几何设计

4.2.1 高速公路平面设计

1. 平面线形要素

（1）直线

高速公路平面设计

高速公路平面线形的曲线与直线如何取舍是一个争论较多的问题。从原则上讲，高速公路线形的布设在满足各项技术标准的前提下主要应考虑安全问题和美观问题。

在地形平坦的平原地区和微丘陵地区，没有地形地物的障碍，往往认为采用直线距离最短，方向明确，视野宽广，可以节省行车时间，降低道路造价。但是，直线过长，往往使人厌倦，引起驾驶人疲劳麻痹，或是急于驶出该路段，容易发生超速；加上缺乏警觉，目测车距往往出现误差；同时会增加夜间眩光危险，因而，长直线段反而成为事故多发路段，严重影响安全。再者，长直线景色单调，线形呆板，灵活性差，难以适应地形的变化并做到与周围环境的协调。如果路段在平面上是长直线，在纵断面上却是几度起伏变化的，则车窗前景将是间断、突变的，难以满足美观的要求。因而，对于高速公路的线形，应尽量避免采用长直线，甚至倾向于全部设在曲线上。

1）最小直线长度。为保证行车安全，让驾驶人从直线进入曲线有足够的反应时间，应有最小直线长度的要求。《公路路线设计规范》（JTG D20—2017）指出两圆曲线间以直线相连接的，直线的长度不宜过短，并应符合下列规定：设计速度大于或等于 60km/h 时，同向曲线间最小直线长度（以 m 计）以不小于设计速度（以 km/h 计）的 6 倍为宜；反向圆曲线间的最小直线长度（以 m 计）以不小于设计速度（以 km/h 计）的 2 倍为宜。最小直线长度详见表 4-5。

表 4-5 最小直线长度

设计速度 $v/(km/h)$	120	100	80	60
同向曲线（$6v$）/m	720	600	480	360
反向曲线（$2v$）/m	240	200	160	120

2）最大直线长度。直线的最大长度在城镇附近或其他景色有变化的地点大于 20 倍设计车速是可以接受的；在景色单调的地点最好控制在 20 倍车速以内。

直线的最大长度应与地形相适应，与景观相协调，不强定长直线，不硬性设置不必要的曲线。

当采用长直线时，为弥补景观单调的缺陷，应结合沿线具体情况采取相应的技术措施并注意下述问题：在长直线上纵坡不宜过大，因长直线再加下陡坡行驶更易导致高速度；长直线与大半径，凹形竖曲线组合为宜，这样可以使生硬呆板的直线得到一些缓和；道路两侧地形过于空旷时，宜采取种植不同树木或设置一定建筑、雕塑、广告牌等措施，以改善单调的景观。长直线或长下坡尽头的平曲线，除曲线半径、超高、视距等必须符合规定外，还必须采取设置标志、增加路面抗滑能力等安全措施。

（2）圆曲线

在高速公路平面定线中，大半径的圆曲线往往是首选的要素。

1）圆曲线半径计算公式：

$$R = \frac{V^2}{127(\mu \pm i_k)}$$

式中　R——圆曲线半径（m）；

　　　V——行车速度（km/h）；

　　　μ——横向力系数，极限值为路面与轮胎之间的横向摩阻系数；

　　　i_k——超高横坡度。

2）决定圆曲线半径大小的主要因素：①汽车在曲线上行驶的横向稳定性（侧向滑移、倾覆）；②汽车在曲线上停车时的稳定性；③汽车与路面表面层的摩阻系数。

3）圆曲线最小半径。《公路工程技术标准》（JTG B01—2014）规定了圆曲线最小半径有三类：极限最小半径、一般最小半径和不设超高的最小半径。其中，极限最小半径是指圆曲线半径采用的最小极限值，是在特殊困难条件下不得已才使用的，一般不轻易采用；如要运用接近极限最小半径的值，必须充分论证对行车安全的影响。一般最小半径是指在通常情况下汽车依设计车速能安全、舒适行驶的最小半径。在实际的设计中，可以采用等于或接近一般最小半径的值。不设超高的最小半径是指曲线半径较大、离心力较小时，汽车沿双向路拱（不设超高）外侧行驶的路面摩擦力足以保证汽车行驶安全稳定所采用的最小半径。

《公路路线设计规范》（JTG D20—2017）对高速公路平面圆曲线的三个最小半径做出了规定，见表4-6。

表 4-6 圆曲线最小半径

设计速度/(km/h)		120	100	80	60	40	30	20
圆曲线最小半径（一般值）/m		1000	700	400	200	100	65	30
圆曲线最小半径（极限值）/m	$l_{max}=4\%$	810	500	300	150	65	40	20
	$l_{max}=6\%$	710	400	270	135	60	35	15
	$l_{max}=8\%$	650	400	250	125	60	30	15
	$l_{max}=10\%$	570	360	220	115	—	—	—

注："一般值"为正常情况下的采用值；"极限值"为条件受限制时可采用的值；"l_{max}"为采用的圆曲线最大超高值。

公路圆曲线半径小于"不设超高最小半径"时，应设置圆曲线超高。最大超高应符合下列规定：一般地区，圆曲线最大超高应采用 8%；积雪冰冻地区，应采用 6%；以通行中、小型客车为主的高速公路和一级公路，可采用 10%；城镇区域公路，可采用 4%。

4）选择圆曲线半径的注意事项。一般情况下，尽量选择大于或等于一般最小半径，只有地形受限及特殊困难可采用极限最小半径；在桥位处两端设置圆曲线，应大于一般最小半径；在隧道内必须设置圆曲线时，应大于不设超高的最小平曲线半径；在长直线或陡坡尽头，不得采用小半径曲线；对于各级公路平面，不论转角大小，均应设置圆曲线；圆曲线半径过大也无实际意义，一般宜小于 10000m。

5）圆曲线要素计算，如图 4-2 所示。计算公式如下。

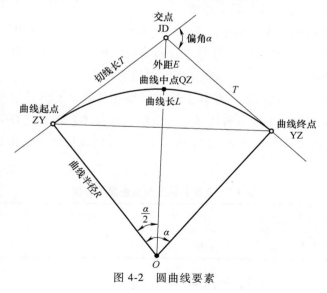

图 4-2　圆曲线要素

切线长 T：$T=R\tan\dfrac{\alpha}{2}$

曲线长 L：$L = \dfrac{\pi}{180°}\alpha R$

外距 E：$E = R\left(\sec\dfrac{\alpha}{2} - 1\right)$

超距 D：$D = 2T - L$

（3）缓和曲线

缓和曲线是设置在直线和圆曲线之间或半径相差较大的两个同向的圆曲线之间的一种曲率连续变化的曲线，是道路平面线形要素之一。高速公路上行车速度高，希望线形能适应汽车在曲线上行驶时曲率渐变的轨迹，所以在直线和圆曲线间以及不同半径的两圆曲线之间，一般都应设置缓和曲线。

1）缓和曲线的作用。曲率连续变化，便于车辆遵循；离心加速度逐渐变化，驾乘感觉舒适；超高横坡度和加宽逐渐变化，行车更加平稳；与圆曲线配合，增加线形美观度。

2）缓和曲线的形式。缓和曲线的形式有回旋线、三次抛物线、双纽线、n 次抛物线、正弦形曲线等。世界各国使用回旋线居多，《公路工程技术标准》（JTG B01—2014）推荐的缓和曲线也是回旋线，其他曲线的公式较复杂，使用不方便，实际应用很少。缓和曲线参数及其长度应根据路线线形设计及对安全、视觉、景观等的要求，选用较大的值。

3）缓和曲线的长度。高速公路上缓和曲线必须有足够的长度，以使驾驶人能从容操控方向盘、乘客感觉舒适、线形美观流畅，圆曲线上超高和加宽的过渡也能在缓和曲线内完成，所以规定缓和曲线的最小长度。

缓和曲线长度应使驾驶人在其上行驶时操作从容，不能过于匆忙，一般情况下以 3s 行程控制。考虑各种因素，《公路工程技术标准》（JTG B01—2014）规定了高速公路缓和曲线最小长度，见表 4-7。回旋线长度应椭圆曲线半径的增大而增长。

表 4-7　高速公路缓和曲线最小长度

设计速度/（km/h）	120	100	80
缓和曲线最小长度/m	100	85	70

4）缓和曲线要素计算，如图 4-3 所示。

图 4-3 中：

ZH——第一回旋线起点（直缓）；

HY——第一回旋线终点（缓圆）；

QZ——圆曲线中心（曲中）；

YH——第二回旋线终点（圆缓）；

HZ——第二回旋线起点（缓直）。

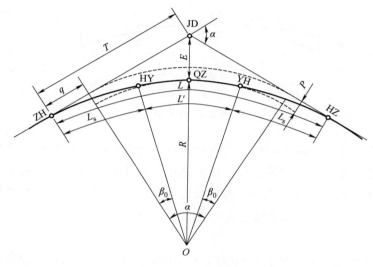

图 4-3 缓和曲线要素

计算公式如下：

切线长 T_H： $T_H = (R+p)\tan\dfrac{\alpha}{2}+q$

曲线长 L_H： $L_H = R(\alpha-2\beta_0)\dfrac{\pi}{180°}+2L_s$

外距 E_H： $E_H = (R+P)\sec\dfrac{\alpha}{2}-R$

曲切差 D_h： $D_h = 2T_h-L_h$

圆曲线内移值 P： $P = \dfrac{L_s^2}{24R}$

切线加长值 q： $q = \dfrac{L_s}{2}-\dfrac{L_s^3}{240R^2}$

2. 平面线形的组合

平面线形要素包括直线、缓和曲线和圆曲线，不同选用可以得到很多种平面线形的组合形式。

（1）基本型

按直线—缓和曲线—圆曲线—缓和曲线—直线的顺序组合起来的形式称为基本型，如图 4-4 所示。

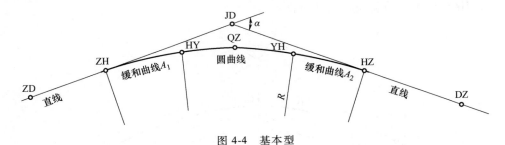

图 4-4　基本型

基本型中的缓和曲线参数、圆曲线最小长度都应符合有关规定。基本型的两个缓和曲线参数可以相等，也可以根据地形条件设计成不相等的非对称形曲线，此时 $A_1 : A_2$ 应不大于 2.0。为使线形协调，当选用基本组合时尽可能满足缓和曲线—圆曲线—缓和曲线的长度之比为 1 : 1 : 1。

（2）组合形式

1）S 形。S 形是指两个反向圆曲线用两段反向回旋线连接的组合形式，如图 4-5 所示。

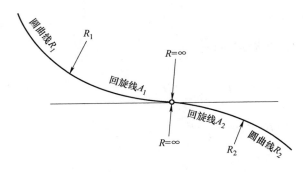

图 4-5　S 形曲线

2）卵形。卵形是指用一个缓和曲线连接两个同向圆曲线的组合，如图 4-6 所示。

卵形曲线用一个缓和曲线线连接两个圆曲线，其公用缓和曲线的参数 A 最好满足 $R_2/2 \leqslant A \leqslant R_2$（$R_2$ 为小圆半径）；圆曲线半径之比满足 $R_2/R_1 = 0.2 \sim 0.8$ 为宜；两圆曲线的间距 $D/R_2 = 0.003 \sim 0.03$ 为宜（D 为两圆曲线间的最小间距）。

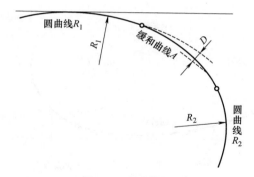

图 4-6　卵形曲线

3）凸形。凸形是指同向缓和曲线之间不插入圆曲线而径相衔接的组合形式（圆曲线长度为零），如图 4-7 所示。

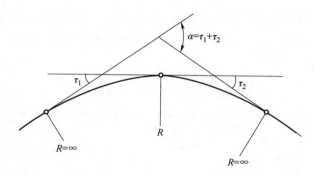

图 4-7　凸形曲线

凸形的回旋线的参数及其连接点的曲率半径，应分别符合允许最小回旋线参数和圆曲线最小半径的规定。

连接点附近最小 $0.3v$（设计车速）的长度范围内，应保持以连接点的曲率半径确定的横坡度。凸形曲线尽管在各衔接处的曲率是连续的，但因中间圆曲线的长度为零，对驾驶操纵还是会造成一些不利因素，所以只有在路线严格受地形、地物限制处才可采用凸形。

4）复合型。复合型是指将两个以上的同向回旋线在曲率相等处相互连接的线形，如图 4-8 所示。

复合型的相邻两个回旋线参数之比以小于 $1:1.5$ 为宜。复合曲线除了在受地形条件限制，或互通式立体交叉的匝道线形设计中采用外，一般很少采用。

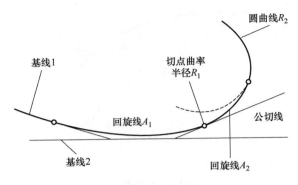

图 4-8　复合型曲线

5）C 形。C 形是指两同向回旋线在曲率为零处径相连接的组合线形，如图 4-9 所示。

其连接处的曲率为零，相当于两基本型的同向曲线中间直线长度为零，这种线形对行车也会产生不利影响。因此，C 形曲线仅限于地形条件特殊困难，路线严格受限制时采用。

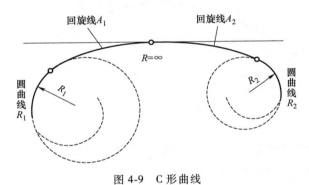

图 4-9　C 形曲线

3. 平面设计成果

完成路线平面设计以后应提供各种图样和表格。其中主要的图样有：路线平面设计图、路线交叉设计图、路线总体布置图、道路用地图、纸上移线图等。主要的表格有：直线、曲线及转角表，逐桩坐标表，路线固定表，总里程及断链表等。这里仅就主要图表"直线、曲线及转角表""逐桩坐标表"与"路线平面设计图"予以简单介绍。

（1）直线、曲线及转角表

直线、曲线及转角表是用来记录并展示直线和曲线转角的工具，列出不同情况下的直线和曲线转角数值。常见的表格结构包括起点、终点、转角角度等列。在工程设计、建筑规划、道路运输等领域中，常常需要计算和确定两个物体之间的转角，直线、曲线及转角表可以快速准确地计算和查找转角数值，提高工作效率。

（2）逐桩坐标表

高等级公路对线形指标要求较高，表现在平面上是圆曲线半径较大、回旋线较长，在测设和放样时必须采用坐标法，方能保证其测量精度。

逐桩坐标即各个中桩的坐标，其计算和测量的方法是按"从整体到局部"的原则进行的。

（3）路线平面设计图

路线平面设计图包括以下内容：

1）平面图的比例尺为 1∶2000 或 1∶5000，平原区为 1∶5000。

2）依据直线、曲线及转角表按比例绘出的公路中线图。

3）在公路中线图上绘注出公路起终点、里程桩、百米桩、曲线要素桩、桥涵桩及位置。

4）根据中线水准测量记录，用铅笔注出各桩处的高程。

5）横断面范围内的地形等高线。

6）中线左右各 100~200m 范围内的地形等高线，地物、地貌、建筑物的位置和名称。

7）图例、平曲线要素、编注页码和指北方向。

4.2.2　高速公路纵断面设计

1. 公路纵断面设计概述

高速公路纵断面设计

公路纵断面是沿着公路的中心线用竖面切开，并沿路线长度方向展开成平整的竖面（即将平曲线沿里程方向拉成直线），称为路线纵断面。

路线纵断面设计依据主要有汽车的动力性能、公路的等级、自然因素（地形、地物、气候、地质、水文、土质条件等）、路基水稳定性及工程量等。

公路纵断面设计应达到纵坡平缓、行车安全和迅速、路基稳定、排水畅通、工程造价低、营运费用合理和乘客舒适程度高等要求。

公路纵断面设计图是路线纵断面设计的成果，纵断面设计图主要包括以下内容：

（1）地面线

根据中线上的各个桩号地面高程而点绘的一条不规则折线，即相邻地面高程点的连线。它基本上反映了沿着路中线地面的起伏变化情况。

（2）设计线

根据公路等级、汽车的爬坡性能、地形条件、路基临界高度及视觉等方面的要求，并通过技术、经济以及美学等多方面的比较后设计出的一条规则形状的几何线。纵断面设计线是由直线段（匀坡线）和竖曲线组成的。

（3）设计高程（DEL）

设计高程即设计线上各点的高程。一般情况下，新建公路设计高程按下列方式选取：高速公路和一级公路采用中央分隔带的外侧边缘高程；二级公路、三级公路、四级公路宜采用路基边缘（路肩边缘）的高程；设置超高、加宽路段为设超高、加宽前该处边缘高程。城市道路和改建公路的路基设计高程宜按新建公路的规定执行，也可视具体情况采用分隔带中心线或行车道中心线的高程。

（4）设计线纵坡度（坡度）

设计线纵坡度是指相邻两变坡点的高差（高程之差）与水平距离（公路里程）之比的百分数。通常用 i 表示，即 $i = h/l \times 100\% = \tan\alpha$，上坡为"+"，下坡为"－"。

（5）坡长

坡长是指纵断面上两相邻变坡点间的路线长度（水平距离）。

（6）施工高度

同一横断面上设计高程与公路中线地面高程的差，也称填挖高度，填高为 T，挖深为 W。

（7）转坡点（变坡点）

转坡点是指纵断面上相邻两条坡度线相交点，一般设在整桩号处。

（8）路中线示意图（直线与平曲线）

纵断面图还有一条重要的线是在纵断面图下方的图样中标明的路中线（直线与平曲线）示意图。路中线示意图对纵坡设计时确定平纵线形组合、转坡点位置和纵坡的大小都具有十分重要的作用。

2. 纵坡设计

（1）纵坡的一般规定与要求

1）纵面线形应平顺、圆滑、视觉连续，并与地形相适应，与周围环境相协调。

2）纵坡设计应考虑填挖平衡，并利用挖方就近作为填方，以减轻对自然地面横坡与环境的影响。

3）相邻纵坡的代数差较小时，应采用较大的竖曲线半径。

4）连续上坡路段的纵坡设计，除上坡方向应符合平均纵坡、不同纵坡最大坡长规定的技术指标外，还应考虑下坡方向的行驶安全。凡个别技术指标接近或达到最大值路段，应结合前后路段各技术指标设置情况，采用运行速度对连续上坡方向的通行能力与下坡方向的行车安全进行检验。

5）路线交叉处前后的纵坡应平缓。

6）位于积雪或冰冻地区的公路，应避免采用陡坡。

7）平原地形的纵坡应均匀平缓。

8）丘陵地区的纵坡应避免过分迁就地形而造成起伏过大。

9）越岭线的纵坡应力求均匀，不应采用极限或接近极限的纵坡，更不宜连续采用极限长度的陡坡和短距离缓和坡段的纵坡线形。越岭线不应设置反坡。

10）山脊线和山腰线，除结合地形不得已时采用较大的纵坡外，在可能的条件下应采用平缓的纵坡。

（2）最大纵坡

在纵断面设计中，各级公路允许采用的最大坡度值为最大纵坡，它是路线设计中纵断面设计的主要控制指标。最大纵坡根据汽车的动力性能、公路等级、自然条件、车辆安全行驶及工程运营经济等因素进行确定。高速公路最大纵坡见表4-8。

表 4-8　高速公路最大纵坡

设计速度/（km/h）	120	100	80
最大纵坡（%）	3	4	5

高速公路上车速快、车流密度大、安全性要求高，为此，设计时应尽可能选用小于最大纵坡的数值。当受地形条件或其他特殊情况限制时，经技术经济论证后，最大纵坡可增加1%。

在高原地区，高程对汽车的动力性能影响较大，为此，设计速度小于或等于80km/h位于海拔3000m以上的高原地区的公路，最大纵坡应根据海拔按表4-9进行折减。最大纵坡折减后若小于4%，则仍采用4%。

表 4-9　高原纵坡折减值

海拔/m	3000~4000	4000~5000	5000 以上
纵坡折减（%）	1	2	3

（3）最小纵坡

一般来说，为使高速公路上汽车行驶快速和安全，纵坡设计小一些总是有利的。为了保证挖方路段、设置边沟的低填方路段和横向排水不畅路段的排水，以防止积水渗入路基而影响路基的稳定性，一般在这些路段避免采用水平纵坡，否则将导致边沟采用排水纵坡而使边沟挖得过深。所以公路的纵坡不宜小于0.3%。横向排水不畅的路段或长路堑路段，采用平坡（0%）或小于0.3%的纵坡时，对其边沟应做纵向排水设计。

（4）坡长限制

坡长是指相邻两变坡点间的水平直线距离。坡长限制包括最小坡长限制和最大坡长限制两个方面。

1）最小坡长限制。为保证汽车行驶的安全与平顺，其纵坡坡长不宜过短。最短长度以不小于设计速度行驶 9~12s 的行程为宜。最小坡长的取值要符合表 4-10的规定。

表 4-10　高速公路最小坡长

设计速度/（km/h）	120	100	80
最小坡长/m	300	250	200

2）最大坡长限制。连续纵坡大于 5% 的坡段过长时，汽车需克服升坡阻力而产生降低车速、水箱开锅、汽车爬坡无力和熄火等现象。若下坡时制动次数太多，易造成事故。故不同纵坡的最大坡长应满足表 4-11 规定。

表 4-11　高速公路不同纵坡的最大坡长

纵坡坡度（%）	设计速度/（km/h）		
	120	100	80
3	900	1000	1100
4	700	800	900
5	—	600	700
6	—	—	500

（5）平均纵坡与合成坡度

1）平均纵坡。平均纵坡是指某一路段的起、终点高差与水平距离之比，以百分数（%）计。它是衡量线形设计质量的重要指标之一。

二级公路、三级公路、四级公路越岭路线连续上坡或下坡路段，相对高差为 200~500m 时，平均纵坡不应大于 5.5%；相对高差大于 500m 时，平均纵坡不应大于 5%；且任意连续 3km 路段的平均纵坡不应大于 5.5%。

2）合成坡度。公路在平曲线路段，若纵向有纵坡并横向有超高时，则最大坡度既不在纵坡上，也不在超高上，而是在纵坡和超高的合成方向上，这时的最大坡度称为合成坡度。

（6）缓和坡段

缓和坡段的作用主要是改善汽车在连续陡坡上行驶的紧张状况，避免汽车长时间低速行驶或汽车下坡产生不安全因素。因此，当陡坡的长度达到限制坡长时，应安排一段缓坡，用以恢复在陡坡上行驶所降低的速度。汽车在缓坡上行驶的长度，从理论上应满足汽车加速或减速行驶过程的需要。

连续上坡或下坡时，应在不大于规范规定的纵坡长度之间设置缓和坡段，缓和坡段的纵坡应不大于 3%，其长度应符合规范最小坡长的规定。在实际纵坡设计中，当连续上坡路段由几个不同陡坡段组成时，为判断坡长是否符合规定，一般可采用按比例折算纵坡坡长的方法。

3. 竖曲线设计

纵断面上两个坡段的转折处，为了行车安全、舒适及视距的需要采用一段曲线进行缓和，这一曲线称为竖曲线。竖曲线的线形有圆曲线、抛物线等的形式。通常在公路设计上使用抛物线比圆曲线方便得多，因此一般采用二次抛物线作为竖曲线。

1）竖曲线要素计算。纵断面上两纵坡线的交点称为变坡点。在变坡点设置的竖曲线有凹形竖曲线和凸形竖曲线两种。如图 4-10 所示，取 Oxy 坐标系，设变坡点相邻两直坡段坡度分别为 i_1 和 i_2，它们的代数差用 ω 表示，即 $\omega = i_2 - i_1$。当 ω 为正（+）时，表示凹形竖曲线；ω 为负（-）时，表示凸形竖曲线。

在图示坐标系下，利用二次抛物线一般方程：

$$y = \frac{1}{2k}x^2 + ix$$

推导得竖曲线要素：

竖曲线长度：$L = R\omega$

切线长度：$T = \dfrac{L}{2} = \dfrac{R\omega}{2}$

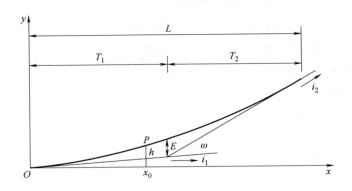

图 4-10　竖曲线要素示意图

切线上任一点与竖曲线的竖距：$h = \dfrac{x_0^2}{2R}$

竖曲线外距：$E = \dfrac{T^2}{2R}$　或　$E = \dfrac{R\omega^2}{8} = \dfrac{L\omega}{8} = \dfrac{T\omega}{4}$

式中　L——竖曲线长度（m）；

　　　T——切线长度（m）；

　　　E——竖曲线外距（m）；

　　　R——竖曲线半径（m）；

　　　ω——转坡角。

2）竖曲线起、终点桩号和设计高程计算。相对而言，当转坡角很小时，计算桩号时可用水平距离代替坡道距离。

竖曲线起点桩号 = 转坡点桩号 − T

竖曲线终点桩号 = 转坡点桩号 + T

竖曲线上的设计高程：

凸形竖曲线设计高程 = 未设竖曲线时的坡道高程 − y。

凹形竖曲线设计高程 = 未设竖曲线时的坡道高程 + y。

3）竖曲线半径及竖曲线长度。

选择凸形竖曲线半径：改善纵坡的舒顺性，保证行车视距。

选择凹形竖曲线半径：缓和行车时的颠簸、振动。

公路纵坡变更处应设置竖曲线。竖曲线最小半径不应小于表 4-12 的规定值。

表 4-12　竖曲线最小半径

设计速度/(km/h)		120	100	80	60	40	30	20
凸形竖曲线 半径/m	一般值	17000	10000	4500	2000	700	400	200
	极限值	11000	6500	3000	1400	450	250	100
凹形竖曲线 半径/m	一般值	6000	4500	3000	1500	700	400	200
	极限值	4000	3000	2000	1000	450	250	100

4. 纵断面布局

高速公路线形标准高、车道多、路幅宽，在与其他道路相交时必须全部采用立体交叉，因而，在纵断面设计时，有其独特之处。在平原地区，跨越的河流、道路和其他通道很多，高速公路设置大量的通道、立交桥，导致平原地区大多采用高路堤方案（填土高度一般为 3~4m），这样不但提高了建设费用，还对生态环境造成更大的破坏。探索降低高速公路填土高度的设计思路，把我国平原地区高速公路纵断面从高路堤方案中解脱出来，是未来的发展方向。

在山岭和重丘陵地区，由于地形切割，地面起伏大，纵断面布局中可能遇到以下两个问题：一是由于高速公路占用路幅较宽，为节省土石方而不得不采用双向分离式路基；二是由于高速公路的技术标准高，在越岭区段和傍山沿河谷区段将出现较多的隧道路段。

5. 纵断面设计成果

（1）路线纵断面图

路线纵断面图主要包括以下内容：

1）纵断面图采用直角坐标，横坐标表示水平距离，比例通常为 1：2000，纵坐标表示高程，比例通常为 1：200。

2）里程桩号，地面高程，地面线，设计高程，设计线，施工填挖值。

3）设计线的纵坡线（坡度、坡长，以分式表示，分子表示坡度，分母表示坡长）。

4）竖曲线及其要素（竖曲线编号、半径、切线长，竖曲线的长度、外距）。

5）平曲线资料（以开口矩形表示，开口向下表示右转，开口向上表示左转）。

6）沿线桥涵、隧道及人工构造物的位置、结构及孔径。

7）与铁路、公路交叉的桩号及路名。

8）沿线跨越河流的名称、桩号，现有水位及最高洪水位。

9）水准点位置、编号、高程。

10）沿线土壤、地质情况。

11）断链位置，桩号及长短链之间的关系。断链指因改移路线而引起里程桩号的变动和中断。

（2）路基设计表

路基设计表包括以下内容：

①里程桩号；②平曲线（左转，右转）；③纵坡度及坡长；④竖曲线（凸形、凹形）；⑤切线高程；⑥竖曲线改正值；⑦竖曲线设计高程（切线高程±改正值）；⑧地面高程（测量而得）；⑨填挖高度（设计高程−地面高程，"＋"值表示填土，"−"值表示挖土）；⑩路基宽度；⑪路基边缘及中桩与设计高程的高差；⑫施工时中桩的填挖高度。

4.2.3 高速公路横断面设计

公路中心线法线方向的剖面称为公路横断面。公路横断面的方向：直线段为该点垂直于公路中心线的方向；曲线段为垂直于该点切线的方向。公路横断面的范围包括路面、路基（边坡），路肩、中央分隔带、人行道以及用地范围内的标志，照明灯柱、防护栅和专门设计的取土坑、弃土堆、边沟、树木等。

1. 高速公路横断面组成

高速公路路基标准横断面是原交通部根据设计交通量、交通组成、设计车速、通行能力和满足交通安全的要求，按公路等级、断面的类型、路线所处地形规定的路基横断面各组成部分横向尺寸的行业标准。

（1）路基标准横断面组成

高速公路路基标准横断面分为整体式路基和分离式路基两类。

高速公路由于公路等级高、交通量大，双向（上、下行）行车之间必须分开，分隔的方式有两种：一种是将上、下行车道放在同一水平面上采用中间带分隔，称作整体式断面。整体式路基的标准横断面应由车道、中间带（中央分隔带、左侧路缘带）、路肩（右侧硬路肩、土路肩）等部分组成，路基标准横断面如图4-11所示。另一种是将上、下行车道放在不同的水平面上加以分隔，称作分离式断面，分离式路基的标准横断面应由车道、路肩（右侧硬路肩、左侧硬路肩、土路肩）等部分组成。自然横坡较缓时，以整体式路基断面为宜，横坡较陡、工程地质复杂时，采用分离式路基断面。

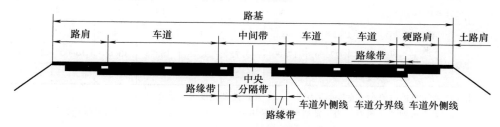

图 4-11　路基标准横断面

与一般公路相比较，高速公路横断面的突出之处在于：

1）为保证高速安全行车，高速公路的双向行车必须严格分开，为此必须设置中央分隔带。采用分离式路基者除外。

2）为保证高速公路上车流的连续性，没有达到规定车速的车辆不准驶上行车道。为防止产生突然事故的车辆扰乱车流，必须在横断面的左右两侧硬路肩上设置规定宽度的应急停车带，供临时停车之用。

3）为使高速行车有足够的安全性，在双向每幅行车道的两侧都须设置宽度为 0.5m 的路缘带。

4）在中央分隔带两侧和两边路肩上一般需设置安全护栏。

5）为使路幅全封闭，禁止非机动车和行人进入车道，路基外侧必须设置防止进入的防护栅或其他隔离设施。

（2）路基宽度

高速公路路基宽度为行车道、中间带宽度及其两侧路肩宽度之和。当设有中间带、紧急停车带、爬坡车道、变速车道时，还应计入该部分的宽度。在横断面设计中，首先应确定路基宽度。设计速度为 120km/h、100km/h 的高速公路，根据通行能力需要可设双向四车道、六车道、八车道，并采用相应的路基宽度。高速公路路基宽度规定见表 4-13 和表 4-14。

表 4-13　高速公路整体式路基宽度

公路等级		高速公路							
设计速度/(km/h)		120			100			80	
车道数		8	6	4	8	6	4	6	4
路基宽度/m	一般值	42.00	34.50	28.00	41.00	33.50	26.00	32.00	24.50
	最小值	40.00	—	25.00	38.50	—	23.50	—	21.50

表 4-14　高速公路分离式路基宽度

公路等级		高速公路							
设计速度/(km/h)		120			100			80	
车道数		8	6	4	8	6	4	6	4
路基宽度/m	一般值	22.00	17.00	13.75	21.75	16.75	13.00	16.00	12.25
	最小值	—	—	13.25	—	—	12.50	—	11.25

注：1. 八车道的内侧车道宽度如采用 3.50m，相应路基宽度可减小 0.25m。
　　2. 表中所列"一般值"为正常情况下的采用值；"最小值"为条件受限制时可采用的值。

2. 横断面各组成部分设计

（1）行车道

行车道是指供各种车辆纵向排列、安全顺适地行驶的公路带状部分，是高速公路横断面中最主要的组成部分。高速公路各路段的车道数应根据预测交通量、设计速度和服务水平等确定，它至少由双向四个车道组成，其车道数为四车道以上时，应按双数增加，即六个车道或八个车道。最靠近中间带（即最左边）的车道车速最高，又可称为超车车道，主要由高速的小汽车行驶，最右边的车道为慢车道，其车速通常也在 60km/h 以上，行驶的载货车和大客车较多。行车道中的车道不包括其他起特殊作用的变速车道、爬坡车道、避险车道等，由于它们的功能和作用不同，未计入行车道当中。

《公路路线设计规范》（JTG D20—2017）规定高速公路每一车道宽度除山岭区采用 3.50m 外（$v = 60$km/h），其余均采用 3.75m。高速公路行车道宽度的规定值见表 4-15。

表 4-15　高速公路行车道宽度

设计速度/(km/h)	120	100	80	60
车道宽度/m	3.75	3.75	3.75	3.50

注：高速公路为八车道时，内侧车道宽度可采用 3.50m。

（2）中间带

高速公路整体式路基必须设置中间带，以保证行车安全。

1）中间带的组成。中间带由中央分隔带和路线双向的两条左侧路缘带组成。中央分隔带是分隔高速公路上对向行车道的地带。分隔带以路缘石线等设施分界，在构造上起着分隔对向交通的作用。在中央分隔带的两侧设置路缘带，路缘带既可引导驾驶人的视线，又可提升行车安全性，还能保证行车所必需的侧向余宽，提高行车道的使用效率。

2）中间带的作用。将上、下行车流分开，排除纵向干扰，防止对向车辆碰撞；清晰显示内侧边缘，引导驾驶人视线；防止行车任意转弯掉头；可作为设置安全护栏、标志、绿化及其他交通设施之用；设置一定宽度的中间带并种植花草灌木或设置防眩网，可防止对向车辆的灯光眩目，还可起到美化路容和环境的作用；设于分隔带两侧的路缘带，由于有一定宽度且颜色醒目，既可引导驾驶人视线，又可保证行车所必需的侧向余宽，从而提高行车的安全性和舒适性。

3）中间带宽度。高速公路和一级公路整体式断面必须设置中间带。高速公路和作为干线的一级公路，中央分隔带宽度应根据公路项目中央分隔带功能确定。作为集散的一级公路，中央分隔带宽度应根据中间隔离设施的宽度确定。

左侧路缘带宽度不应小于表 4-16 的规定。设计速度为 120km/h、100km/h，受地形、地物限制的路段或多车道公路内侧车道仅限小型车辆通行的路段，左侧路缘带可论证采用 0.50m。

表 4-16 左侧路缘带宽度

设计速度/（km/h）	120	100	80	60
路缘带宽度/m	0.75	0.75	0.50	0.50

（3）路肩

路肩位于行车道外缘至路基边缘之间，是具有一定宽度的带状结构物。高速公路路肩由外侧路缘带、硬路肩和土路肩三部分组成。

路肩的作用：由于路肩紧靠在路面的两侧设置，具有保护及支撑路面结构的作用；供发生故障的车辆临时停放之用，有利于防止交通事故和避免交通紊乱；作为侧向余宽的一部分，能增加驾驶的安全和舒适感，这对保证设计车速是必要的，尤其在挖方路段，还可以增加弯道视距，减少行车事故；提供道路养护作业、设置路上设施和埋设地下管线的场地；精心养护的路肩，可增加公路的美观，并起到引导视线的作用。

路肩宽度的取值见表 4-17。

表 4-17 路肩宽度

公路等级（功能）		高速公路			一级公路（干线功能）	
设计速度/（km/h）		120	100	80	100	80
右侧硬路肩宽度/m	一般值	3.00（2.50）	3.00（2.50）	3.00（2.50）	3.00（2.50）	3.00（2.50）
	最小值	1.50	1.50	1.50	1.50	1.50
土路肩宽度/m	一般值	0.75	0.75	0.75	0.75	0.75
	最小值	0.75	0.75	0.75	0.75	0.75

（4）附加车道

附加车道指的是道路上局部路段增辟专供某种需要使用的车道，包括变速车道、爬坡车道、避险车道等。

1）变速车道。当车辆需要加速合流或减速分流时，应根据公路的等级、使用性质等增加一段使车辆速度过渡的车道，使变速车辆不致因速度的变化而影响其他车辆的正常行驶；变速车道是加速车道和减速车道的总称。

2）爬坡车道。四车道高速公路连续上坡路段，符合下列情况之一者，可在上坡方向行车道右侧设置爬坡车道：①沿连续上坡方向载货车的运行速度降低到允许最低速度以下时；②上坡路段的设计通行能力小于设计小时交通量时；③经设置爬坡车道与改善主线纵坡不设爬坡车道技术经济比较论证，设置爬坡车道的效益费用比、行车安全性较优时。六车道以上的高速公路，一般情况下可不设置爬坡车道。

3）避险车道。避险车道是指在长陡下坡路段行车道外侧增设的供速度失控车辆驶离正线安全减速的专用车道。避险车道类型主要有四种坡度和材料组合类型，即上坡砂坑型、平坡砂坑型、下坡砂坑型及砂堆型。选用时主要考虑路段地形、气候、造价、养护维修等因素。

4.3 高速公路立体交叉设置

立体交叉是指两条道路（公路与公路、公路与铁路、公路与其他通道）利用跨线构造物在不同平面上相互交叉的连接方式。立体交叉的设置可以消除平面交叉路口的车流冲突点，使相交路线的交通流空间分隔、互不干扰，从而确保交叉口处车流的畅通、快速与安全，并大大提高其通行能力。

高速公路是交通运输现代化的重要标志，立体交叉是高速公路必不可少的组成部分。随着我国高速公路的迅速发展，必然要修建大量立体交叉，以实现道路之间交叉和行车方向的转换。

4.3.1 立体交叉的基本组成及作用

1. 互通式立体交叉的组成

互通式立体交叉通常由跨线构造物、主线（正线）、匝道、出入口及变速车道等组成，如图 4-12 所示。

1）跨线构造物（立体交叉桥或地道）。跨线构造物是指立体交叉实现车流空间分离的主体构造物，立体交叉分为上跨式和下穿式。上跨式是跨越被交道路的跨线桥（立体交叉桥），下穿式是穿越被交道路的地道，有的还可利用地形做成隧道。

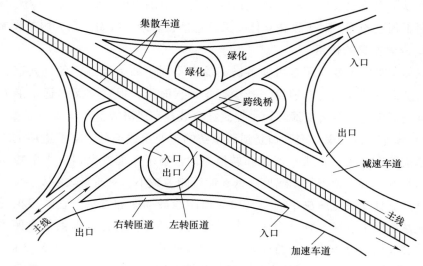

图 4-12　互通式立体交叉的组成

2）主线（正线）。主线是指两条相互交叉的公路或道路，是组成立体交叉的主体。

3）匝道。匝道是立体交叉的重要组成部分，是指供上下相交道路的转弯车辆行驶的连接道，有时也包括匝道与主线或匝道与匝道之间的跨线桥或地道。按其作用分为右转匝道（供右转车辆行驶）和左转匝道（供左转车辆行驶）两类。匝道与主线的连接点称为匝道的端部，包括起点和终点。

4）出口与入口。主线驶出进入匝道的道口称为出口，由匝道驶入主线的道口称为入口。

5）变速车道。为适应车辆变速行驶的需要，在匝道端部附近、主线右侧出入口附近增设的附加车道称为变速车道。按其作用分为减速车道和加速车道，出口端为减速车道，入口段为加速车道。

6）辅助车道。在高速公路与次要道路立体交叉时，在分合流附近，为使匝道与高速公路车道数保持平衡和保持主线的基本车道数而在主线外侧增设的附加车道。

7）集散车道。在城市附近，为减少车流进出高速公路的交织和出入口数量，而在立体交叉范围内主线的一侧或两侧设置的与其平行且分离的专用车道。

8）绿化地带。在立体交叉范围内，由匝道与主线或匝道与匝道所围成的封闭区域，一般用来布设美化环境的绿地，也可布设排水管渠、照明杆柱等设施。

除以上主要组成部分外，还包括立体交叉范围内的排水系统、照明设备以及交通工程设施等。对于收费立体交叉还包括收费站、收费广场和服务设施等。

2. 立体交叉的作用

立体交叉的主要作用是可使各向车流在不同平面上通过，各行其道、互不干扰，从而显著提高行车速度，减少行车延误时间，提高交叉口通行能力，同时保证交通安全，改善交通环境，提高社会效益和经济效益。

1）单个立体交叉。交叉口是道路系统的重要组成部分，交汇道路上的各种车辆都需要在交叉口汇集、通过和转换方向。对于平面交叉口，由于转向车辆之间的相互干扰，使得行车速度降低、通行能力减小、交通事故多发。

修建立体交叉是解决平面交叉口交通问题最彻底的方法。它能将相互冲突的车流从空间上分离，使其互不干扰，为高速、安全的行车提供可靠保障。设置立体交叉后，行车速度和通行能力要比相同的平面交叉口提高 2.5~3 倍。

2）作为出入口的互通式立体交叉。高速公路上的互通式立体交叉是高速公路的门户，不仅起着吞吐交通量的作用，而且还能使全部车流渠化并控制出入，为高速公路安全运营提供保障。因此，作为出入口的互通式立体交叉在高速公路上的地位十分重要。高速公路是全封闭的，主要通过其出入口处的互通式立体交叉与沿线地区发生联系，促进沿线地区的发展。实践表明，高速公路出入口附近的地区受益最高。

4.3.2 立体交叉的类型及特点

1）按交通功能分类。如图 4-13 所示，分离式立体交叉是仅设一座跨线桥，使相交道路空间分离，上、下道路无匝道连接的交叉方式。此种形式立体交叉占地少、构造简单，但其交通功能有限。互通式立体交叉，不仅设置跨线桥使相交道路空间分离，而且上、下道路有匝道连接，以供转弯车辆行驶的交叉方式（图 4-14）。

互通式立体交叉根据交叉处车流轨迹线的交错方式和几何形状的不同，又可分为部分互通式、完全互通式和环形立体交叉三种类型：

部分互通式立体交叉：相交道路的车流轨迹线之间至少有一个平面冲突点的交叉。

完全互通式立体交叉：相交道路的车流轨迹线全部在空间分离的交叉，它是一种比较完善的高级形式，各转向都有专用匝道。

环形立体交叉：相交道路的车流轨迹线因匝道数不足而共同使用，且有交织路段的交叉。此种形式立体交叉占地多，造价高，但其交通功能完善。

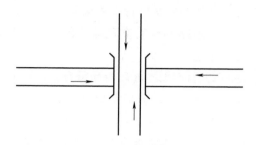

图 4-13　分离式立体交叉

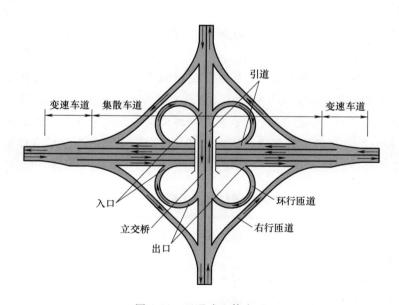

图 4-14　互通式立体交叉

2）按主线与相交道路的跨越方式划分。跨式立体交叉采用跨线桥从相交道路上方跨过的交叉方式。上跨式立体交叉高于原地面，线形视距条件好，施工方便、工期较短，对地下管线影响小，排水容易处理。但引道较长，占地、拆迁数量较大，对环境影响较大，污染相对严重。

下穿式立体交叉采用地道（或隧道）从相交道路下方穿过的交叉方式。下穿式立体交叉的主体结构在地面以下，对环境影响较小。但排水困难，需增加水泵等排水设施，且需日常维护，地道施工周期较长，对地下管线影响也较大。

半上跨半下穿式立体交叉，是介于上述两种方式之间的一种立体交叉方式。

3）按交叉口交通流线相互关系划分。交通流在交叉口的行驶轨迹称为交通流线。按交叉口交通流线之间的关系可将立体交叉分为三类：

完全立体交叉型，相交道路的所有交通流线均空间分离，无冲突点和交织段，是最理想的立体交叉形式。

交织型，相交道路的交通流线之间有相互重叠，即存在交织路段的立体交叉。这类交叉虽然存在一些交织点，但却完全消除了冲突点。

不完全立体交叉型，相交道路的交通流线之间至少存在一个平面冲突的立体交叉。一般能够通过立体交叉消除直行交通流线常见的冲突点，但直行流线与左转流线间至少存在一个冲突点。设计时应将冲突点安排在一般道路上或交通量较小的道路上。

4）按立体交叉的平面几何形状划分。按立体交叉的平面几何形状划分可分为苜蓿叶形、喇叭形、环形、叶形、星形、涡轮形等多种形式。

5）按相交道路的条数划分。按相交道路的条数可划分为三路立体交叉、四路立体交叉和多路立体交叉三种形式。三路立体交叉为"T"形或"Y"形；四路立体交叉为"+"形或"X"形；多路立体交叉为五路及五路以上交叉。

6）按立体交叉的层数划分。按立体交叉的层数可划分为两层立体交叉、三层立体交叉和多层立体交叉三种形式。

复 习 题

1. 什么是最大纵坡？

2. 缓和坡段的作用是什么？

3. 什么叫竖曲线？主要形式是什么？

4. 什么叫匝道？按作用分为哪两类？

5. 什么叫缓和曲线？缓和曲线作用是什么？

6. 与一般公路相比较，高速公路横断面的突出之处有哪些？

7. 高速公路横断面的基本组成有哪些？

8. 高速公路立体交叉的基础组成和类型有哪些？

第5章
高速公路施工

重点难点

高速公路土质与石质路基施工方法；高速公路沥青、水泥混凝土路面施工方法。

本章学习要求

掌握土质、石质路基施工的内容、特点及方法；了解高速公路路基排水设施；了解不同类型路基防护设施施工的概念及使用特点；了解高速公路路基边坡整修、检验与验收；了解高速公路路面结构组成，了解沥青路面和水泥混凝土路面的类型、材料选择，熟悉沥青路面施工工艺、主要通病及防治措施。

相关知识链接

1）《公路沥青路面设计规范》（JTG D50—2017）。

2）《公路沥青路面预防养护技术规范》（JTG/T 5142—01—2021）。

3）《公路工程混凝土结构耐久性设计规范》（JTG/T 3310—2019）。

4）《公路路面基层施工技术细则》（JTG/T F20—2015）。

5）《公路水泥混凝土路面施工技术细则》（JTG/T F30—2014）。

6）《公路路基施工技术规范》（JTG/T 3610—2019）。

7）《公路路基养护技术规范》（JTG 5150—2020）。

8）《公路养护工程质量检验评定标准　第一册　土建工程》（JTG 5220—2020）。

9）《公路隧道施工技术规范》（JTG/T 3660—2020）。

5.1 | 高速公路路基施工

高速公路路基是高速公路与自然地面接触的最基本部分，是高速公路路面的主体工程和基础，它与高速公路路面一起承受行驶车辆荷载的作用，贯穿高速公路全线，与隧道、桥梁相连，它的施工质量好坏直接影响高速公路的使用寿命与性能。高速公路路基施工主要包括路堑与路堤的土石方施工，以及一些为维持边坡稳定的支挡结构施工和为加固地基的结构性施工。

5.1.1 施工方法

按照施工技术特点的不同，高速公路路基施工方法主要可分为以下几种：

（1）人工施工

人工施工是以人为劳动主体，利用手工用具施工的传统施工方法，具有效率低、劳动强度大、施工进度慢等特点，短期内仍被市场所需要，但限于特定条件，常用于一些辅助工作。

（2）简易机械化施工

简易机械化施工是以人为劳动主体，借助一些简易的机械进行施工的一种方法，如使用手扶单轮压路机进行施工。简单机械化施工的施工效率比人工施工方法高，且劳动强度低，适用于施工工程量较少的项目。

（3）综合机械化施工

综合机械化施工是以机械为主体，各类大型公路施工机械配合施工的一种方法，具有高效率、高质量、高安全性等优点，是现代化高速公路建设施工中最为常见的施工方法。常见的路基施工机械主要有松土机、推土机、压土机、铲运机、挖掘机、自卸汽车等。各类路基施工机械相互协调使用，能有效地加快项目施工进度，保证施工质量与安全。

（4）水力机械化施工

水力机械化施工是机械化施工的一种，它采用水枪、水泵等水力机械，喷射强力水流，将土层冲散，并流向指定地点沉积，适用于水源及电源充足的路段，可用于地下钻孔及挖掘比较松软的土质。

（5）爆破法施工

爆破法施工是利用打眼工具或机械，对冻土、岩石、竖土振松的一种施工方法，是冻土路基与石质路基开挖必须要采用的基础施工方法，常见于山区高速公路施工。

5.1.2　施工前的准备工作

施工准备工作是指为工程顺利施工所做的准备工作，要贯穿整个施工工程建设的始终。施工准备工作是工程施工的重要内容，需要有计划、有组织、有步骤分阶段进行，具体包括以下内容。

（1）熟悉设计文件

路基工程施工前应熟悉设计文件、领会设计意图，注意设计文件中所采用的各项技术指标。检查施工图是否齐全，设计内容与施工条件能否一致，各工种之间搭接配合有否问题等。同时应熟悉有关设计数据、结构特点及土层、水文、地质、工期要求等资料。

（2）编制施工组织设计

施工前应进行施工调查及现场核对，根据核实的工程量、地质条件、施工设备、工期要求、合同条件及现场情况等编制施工组织设计。

（3）技术交底

高速公路路基施工前应建立健全质量、职业健康、环境、安全管理体系，对各类施工人员进行岗位培训和技术、安全交底，以保证严格按照施工组织设计、施工图、安全生产规程及其他技术规程进行施工作业。

（4）施工测量

高速公路路基的施工应根据公路等级和测量精度要求，选择测量方法。控制性桩点应进行现场交桩，在复测原控制网的基础上，根据施工需要适当加密、优化，建立施工测量控制网，妥善保护。

（5）施工试验

高速公路路基施工前，应建立具备相应试验检测能力的现场实验室。路基填筑碾压前，应对路基基底原状土进行取样试验，每公里应至少取 2 个点，并应根据土质变化增加取样点数。还应及时对拟作为路堤填料的材料进行取样试验。土的试验项目应包括天然含水率、液限、塑限、颗粒分析、击实试验、CBR试验等，必要时还应做相对密度、有机质含量、易溶盐含量、冻胀和膨胀量等试验。使用特殊材料作为填料时，应按相关标准进行相应试验检验，经批准后方可使用。

（6）地表处理

地基表层碾压处理压实度控制标准为：高速公路一般土质应不小于 90%。

低路堤应对地基表层土进行超挖、分层回填压实，其处理深度应不小于路床厚度。原地面坑、洞、穴等，应在清除沉积物后，用合格填料分层回填分层压实。对可能存在的空洞隐患，应结合具体情况采取相应的处置措施。泉眼或露头地下水，应按设计要求采取有效导排措施将地下水引离后方可填筑路堤。地基为耕地、松散土质、水稻田、湖塘、软土、过湿土等时，应按设计要求进行处理，局部软弹部分应采取有效的处理措施等。

（7）试验路段

试验路段应选择地质条件、路基断面形式等具有代表性的地段，长度宜不小于200m。

试验路段施工总结应包括下列内容：填料试验、检测报告；机械组合；压实工艺主要参数、压实机械规格、松铺厚度、碾压遍数、碾压速度、最佳含水率及碾压时含水率范围等；过程工艺控制方法；质量控制标准；施工组织方案及工艺的优化；原始记录、过程记录；对施工图的修改建议等；安全保证措施；环境保护措施。

5.1.3 土质路基施工

1. 土质路堤填筑

（1）填料选择

用于高速公路路堤的填料一般就地取材，路床填料通常采用砂砾、碎石等水稳性好的粗粒料，也可采用级配好的碎石土、砾石土等；粗粒料缺乏时，可采用无机结合料改良细粒土。

（2）基底处理

路堤基底是指路堤填料与原地面的接触部分，与路基质量息息相关，影响路基的稳定性。为避免路堤沿基地发生滑动，防止因烂树根、草皮腐烂引起的路堤下沉，应对路堤基底进行相应的处理。

（3）填筑方式

路堤填筑是将填料按照一定方式运送至堤上进行铺平、机械压实的过程。按照铺平方式的不同，可分为水平分层填筑法、纵向分层填筑法、混合填筑法等三种填筑方法。

1）水平分层填筑法。水分分层填筑法是高速公路路堤填筑时最常使用的一种方法，即填筑时按照横断面全宽划分为若干水平层，逐层向上填筑，如图5-1所示。

土质路基施工

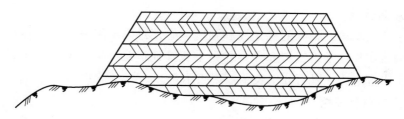

图 5-1 水平分层填筑法

采用水平分层填筑法填筑不同土质时，不得将不同性质的土任意混填，以免导致路基病害的产生。

2）纵向分层填筑法。纵向分层填筑法的填筑方向与水平分层填筑法的不同，即将填料沿路段纵向坡度较大的原地面上倾填，形成纵向倾斜土层，然后碾压密实，再逐层进行填筑，如图 5-2 所示。纵向分层填筑法适用于当原地面的纵向坡度大于 12%，且局部存在地面横坡较陡，地面高度落差大的路段，例如陡坡、深谷、断岩等路段。

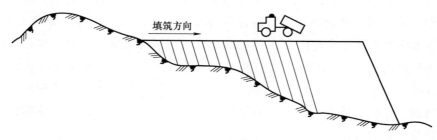

图 5-2 纵向分层填筑法

3）混合填筑法。混合填筑法适用于因地形限制或填筑堤身较高的路段，是指路堤下层采用纵向分层填筑法，而上层则采用水平分层填筑法，可使上部填料经压实获得足够的强度，如图 5-3 所示。

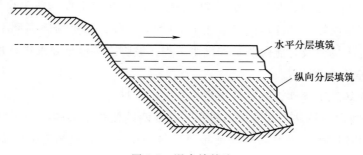

图 5-3 混合填筑法

（4）路基压实

为了使路基达到相应的稳定性和强度，必须对填土路基进行机械压实。土质路基的压实程度常用压实度（指的是土或其他筑路材料压实后的干密度与标准最大干密度之比，以百分率表示）来表示。

2. 土方路堑开挖

（1）路堑开挖的注意事项

路堑开挖是路基施工的重要内容，工程量大，需要多种施工机械配合作业。与路堤施工相比，路堑施工的作业程序相对简单些，不需要选用填料，机械分层碾压密实等，只需按照一定要求进行土挖掘并运送到弃土地点。从以往的道路使用和施工经验来看，路基上发生的问题，根源常来自于路堑施工不合理，例如开挖弃土太近，导致土体失去平衡引发坍塌；排水不良造成土体松软导致边坡下滑等。

（2）取土与弃土

1）土质路堑开挖取土应符合以下要求：①取土应根据设计要求，结合路基排水和土地规划、环境保护、公路建设要求进行；②取土应不占或少占耕地，取土深度应结合地下水等因素综合考虑，原地面耕植土应先集中存放；③桥头两侧不宜设置取土场；④取土场与路基之间的距离，应满足路基边坡稳定的要求；⑤线外取土场与排水沟、鱼塘、水库等设施连接时，应采取防冲刷、防污染的措施；⑥取土场周边坡度应满足稳定性要求；⑦对取土造成的裸露面，应采取整治或防护措施。

2）土质路堑开挖弃土应符合以下规定：①施工前应对设计提供的弃土方案进行现场核对，如有问题应及时反馈处理；②弃土宜集中堆放，并与周边环境相协调；③严禁在贴近桥梁墩台、涵洞口处弃土；④不得向水库、湖泊、岩溶漏斗及暗河口处弃土；⑤弃土宜分层填筑，分层压实，弃土场的边坡不得陡于1∶1.5，顶面宜设置坡度不小于2%的排水坡；⑥弃土作为路基反压护道时，宜与路基同步填筑；⑦在地面横坡陡于1∶5的路段，路堑顶部高侧不得设置弃土场；⑧弃土场应及时施做防护和排水工程，坡脚应按设计要求进行加固。

（3）路堑施工方法

根据现场施工条件，路堑开挖可分为以下几种方法：

1）全断面开挖法。从开挖路堑的一端或两端按整个横截面一次挖至设计标高，挖掘时逐段成型沿路中线向前推进，挖出的土方应向相反的方向运出，如图5-4所示。全断面开挖法适用于距离较短、深度不大的路堑。

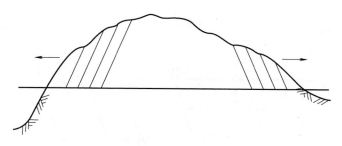

图 5-4　路堑全断面开挖法

2）分层横断面挖法。从开挖路堑的一端或两端按横断面分层一次挖至设计标高，每一层的高度视安全要求和工作效率而定。一般手工操作高度为 1.5～2m，挖掘机作业高度为 3～4m，且每一层均有单独的排水设施和运送通道，互不影响工作，如图 5-5 所示。这种方法适用于开挖短而深的路堑。

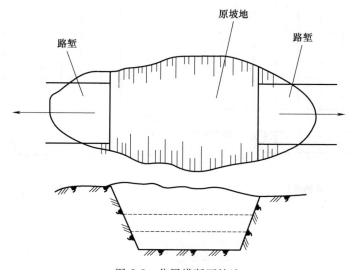

图 5-5　分层横断面挖法

3）分层纵挖法。沿路堑全宽进行分层纵向挖掘，每层应向外倾斜以便排水和运土，如图 5-6 所示。这种方法适用于深度不大的路堑。

4）分段纵挖法。沿路堑纵向选择一个或者几个适宜处，将较薄一侧整壁横向挖穿，使路堑分为数段，并沿纵向开挖，如图 5-7 所示。这种方法适用于距离长、弃土运距远的傍山路堑和一侧堑壁不厚的路堑。

5）通道纵挖法。沿路堑纵向先挖一个通道，然后开挖两旁，并利用通道运土和排水，如图 5-8 所示。这是一种快速且效率高的开挖方法。

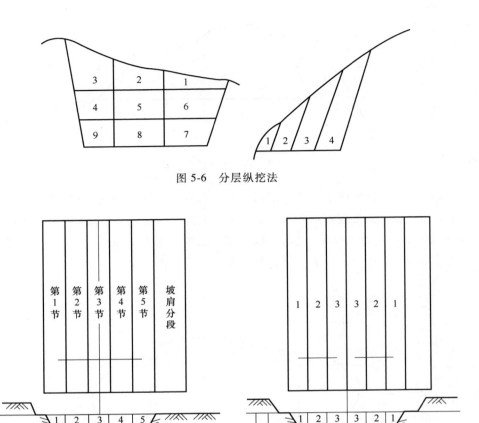

图 5-6 分层纵挖法

a) 单侧出土

b) 双侧出土

图 5-7 分段纵挖法

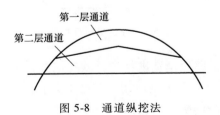

图 5-8 通道纵挖法

6）混合法。将上述中的两种或两种以上的方法混合使用，开挖时先沿路堑纵向开挖通道，然后从通道开始横向坡面挖掘，以增加开挖坡面，每一开挖坡面能容纳一个施工作业组或一台机械。

5.1.4　石质路基施工

1. 填石路堤施工

填石路堤是用粒径大于 40mm 且不大于 500mm 的石料填筑的路堤，填料选择、填筑方法、边坡防护、压实标准与土质路堤大不相同。

（1）填料选择

石质路堤的填料选择应满足以下要求：

1）硬质岩石、中硬岩石可用于路堤和路床填筑；软质岩石可用于路堤填筑，不得用于路床填筑；膨胀岩石、易溶性岩石和盐化岩石不得用于路基填筑。

2）路基的浸水部位，应采用稳定性好、不易膨胀崩解的石料填筑。

3）路堤填料粒径应不大于 500mm，并宜不超过层厚的 2/3。路床底面以下 400mm 范围内，填料最大粒径不得大于 150mm，其中小于 5mm 的细料含量应不小于 30%。

（2）填筑要求

高速公路填石路堤应分层填筑压实，确保边坡的稳定性，符合以下规定：

1）岩性相差大的填料应分层或分段填筑，软质石料与硬质石料不得混合使用。

2）填石路堤顶面与细粒土填土层之间应填筑过渡层或铺设无纺土工布隔离层。

3）填石路堤采用强夯、冲击压路机进行补压时，应避免对附近构造物造成影响。

4）中硬、硬质石料填筑路堤时，应进行边坡码砌。码砌防护的石料强度、尺寸应满足设计要求。边坡码砌与路基填筑应基本同步进行。

5）采用易风化岩石或软质岩石石料填筑时，应按设计要求采取边坡封闭和底部设置排水垫层、顶部设置防渗层等措施。

（3）压实及施工质量控制

填石路堤采用的压实机械宜选用自重不小于 18t 的振动压路机，压实质量标准应符表 5-1 的要求。

表 5-1　填石路堤压实质量标准

分区	路床顶面以下深度/m	硬质石料孔隙率（%）	中硬石料孔隙率（%）	软质石料孔隙率（%）
上路堤	0.80~1.50	≤23	≤22	≤20
下路堤	>1.50	≤25	≤24	≤22

施工过程中每一压实层，应采用试验路段确定的工艺流程、工艺参数控制，压实质量可采用沉降差指标进行检测。

2. 石质路堑施工

相较于土质路堑开挖，石质路堑因岩石坚硬，开挖难度远高于土质路堑，通常需耗费更多的施工时间，面临更多的技术难题，因此施工方案也更为复杂。

石质路堑开挖的施工方法一般可分为三种：爆破法开挖、松土法开挖、破碎法开挖。

（1）爆破法开挖

爆破法开挖是利用炸药爆炸的能量将土石炸碎以利挖运或借助爆炸能量将土石移到预定位置。用这种方法开挖石质路堑具有工效高、速度快、劳动力消耗少、施工成本低等优点。对于岩质坚硬，不可能用人工或机械开挖的石质路堑，通常要采用爆破法开挖。爆破后用机械清方，是非常有效的路堑开挖方法。

（2）松土法开挖

松土法开挖是充分利用岩体的各种裂缝和结构面，先用推土机牵引松土器将岩体翻松，再用推土机或装载机与自卸汽车配合将触松的岩块搬运到指定地点。松土法开挖避免了爆破作业的危险性，而且有利于挖方边坡的稳定和附近建筑设施的安全。凡能用松土法开挖的石方路堑，应尽量不采用爆破法施工。随着大功率施工机械的使用，松土法越来越多地应用于石质路堑的开挖，而且开挖的效率也越来越高，能够用松土法施工的范围也不断扩大。

（3）破碎法开挖

破碎法开挖是利用破碎机凿碎岩块，然后进行挖运等作业。这种方法是将凿子安装在推土机或挖土机上，利用活塞的冲击作用使凿子产生冲击力以凿碎岩石，其破碎岩石的能力取决于活塞的大小。破碎法主要用于岩体裂缝较多、岩块体积小、抗压强度低于 100MPa 的岩石。由于开挖效率不高，只能用于前述两种方法不能使用的局部场合，作为爆破法和松土法的辅助作业方式。

以上三种开挖方法各有特点，应视施工条件合理选用。

5.1.5 路基排水施工

由于水能降低土质路基的强度和稳定性，冲刷路基，引起水害，严重影响路基的使用寿命，所以在路基施工过程中必须要修建相应的排水设施用于排出地表水和地下水。

1. 地表水排水设施

路基地表水包括雨水、雪水、路堑边坡流下的水等。高速公路路基地表水排水设施应根据进入路基范围的水流量来确定排水能力，具体的排水设施有：边沟、截水沟、排水沟、急流槽、跌水槽、蒸发池、油水分离池等。

（1）边沟

边沟是指在路堑路肩两侧或路堤的坡脚外侧，用以汇集少量流向路基方向的沟槽。根据边沟截面形状的不同，可分为三角形边沟、梯形边沟和矩形边沟，如图 5-9 所示。三角形边沟坡度一般为 $1:2\sim1:4$，常用于土质路基；梯形边沟边坡，一侧与路堑边坡坡度相同，靠路基一侧坡度为 $1:1\sim1:1.5$，适用于机械化施工；矩形边沟常用于石质路基，边沟深度一般为 $0.4\sim0.8\mathrm{m}$，当水流量加大时，应适当加深。

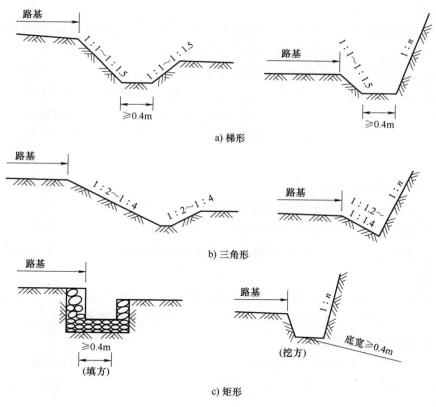

图 5-9　边沟截面形式

（2）截水沟

截水沟应设在路基横坡上方的边坡上，垂直于水流方向（大致与线路平行），以截拦外部水流，并引入他处，保证路基不至冲刷。截水沟必须排水迅速，不得在沟内积水或沿沟壁土层渗水，否则，会加剧路基病害。截水沟可能成为边坡塌方的顶边线，所以，截水沟应设有合适的纵坡度，最小不应小于0.3%，也不可超过3%，使截水沟边坡冲刷严重，一般取用1%~2%。沟内应适当加固，以保证不渗水，在转弯处用平顺的曲线相连接，保证水流畅通。

（3）排水沟

排水沟的形状和位置与地形相关，灵活性较大，截面一般为梯形，深度根据水流量而定，底宽不小于0.5m。施工时，排水沟线形应平顺，转弯处宜为弧线形，并在出水口处设置跌水槽或急流槽，将水流引出路基或引入排水系统。

（4）急流槽和跌水槽

当路基排水的高差较大，距离较短或坡度陡峭时，应设置跌水槽和急流槽，以防止过高流速冲刷路基。急流槽与跌水槽施工时，基础应嵌入稳固的基面内，底面应按设计要求砌筑抗滑平台或凸榫，对超挖、局部坑洞应采用相同材料与急流槽同时施工。浆砌片石砌体应砂浆饱满，砌缝应不大于40mm，槽底表面应粗糙。急流槽应分节砌筑，分节长度宜为5~10m，接头处应采用防水材料填缝。混凝土预制块急流槽，分节长度宜为2.5~5.0m，接头应采用榫接。

（5）蒸发池和油水分离池

蒸发池应远离村镇等人口密集区，四周应采用隔离栅进行围护，高度应不低于1.8m，并设置警示牌。蒸发池施工时，与路基之间的距离应满足路基稳定要求，底面与侧面应采取防渗措施，池底宜设0.5%的横坡，入口处应与排水沟平顺连接。

油水分离池施工时，污水进入油水分离池前应先通过格栅和沉砂池进行处理，池底、池壁和隔板应采用砌浆片石或现浇混凝土进行加固。

2. 地下水排水设施

为了排除高速公路路基范围内的地下水或降低地下水位，路基施工时需设置相应的地下水排水设施，具体有明沟、暗沟、暗管、渗沟、仰斜式排水孔、渗井、排水隧道等。

（1）明沟

明沟用于拦截和引排路堑边坡或边沟外侧土体内的上层滞水或浅层地下水。当含水层厚度不大时宜采用浆砌片石明沟。沟底埋入不透水层，纵坡坡度不应小于0.3%。明沟断面宜采用梯形，最小底宽为0.5m。沟深超过1.2m时宜采用槽形明沟，最小底宽为 0.8m。明沟深度不宜超过 2m。

（2）暗沟和暗管

暗沟和暗管设在路基侧面时，宜沿路线方向布置，沟底应埋入不透水层内，沟壁最低一排渗水孔应高出沟底 200mm 以上，进口应采取截水措施。

（3）渗沟

渗沟用于拦截地下水或降低地下水位，设置在地面以下，设有排水层、反滤层和封闭层。渗水材料可采用洁净的砂砾、粗砂、碎石、片石，其中粒径小于 2mm 的颗粒含量不得大于 5%。渗沟沟壁反滤层应采用透水土工织物或中粗砂，渗水管可选用带孔的 HPPE 管、PVC 管、PE 管、软式透水管、无砂混凝土管等。

（4）仰斜式排水孔

钻孔成孔直径宜为 75~150mm，仰角不宜小于 6°，孔深应伸至富水部位或潜在滑动面。排水管直径宜为 50~100mm，渗水孔宜呈梅花形排列，渗水段及渗水管端头宜包裹 1~2 层透水无纺土工布。排水管安装就位后，应采用不透水材料堵塞钻孔与渗水管出水口段之间的间隙，长度宜不小于 600mm。

（5）渗井

渗井是一种立式排水措施，用于当地下存在多层含水层，其中影响路基的上部含水层较薄，排水量不大，且平式深沟难以布置的情况。渗井应边开挖边支撑，并采取照明、通风、排水措施。填充料应在开挖完成后及时回填。不同区域的填充料应采用单一粒径分层填筑，小于 2mm 的颗粒含量不得大于 5%。透水层范围宜填碎石或卵石，不透水范围宜填粗路基排水工程砂或砾石。井壁与填充料之间应设反滤层，填充料与反滤层应分层同步施工。渗井顶部四周应采用黏土填筑围护，并应加盖封闭。

（6）排水隧道

排水隧道施工前应做好现场地质、水文等情况调查和施工图核对，并应编制专项方案；在施工过程中应做好监控量测工作，围岩级别与设计不符时应及时反馈处理，并符合现行《公路隧道施工技术规范》（JTG/T 3660—2020）的有关规定。

5.1.6　防护设施施工

根据防护与加固的作用及目的的不同，路基防护设施可分为坡面防护、冲刷防护、支挡结构、地基加固四类。

1. 坡面防护

坡面防护主要用于保护路基边坡表面，以防受到自然因素的破坏，如雨水冲刷、干湿及冷热循环作用，以及表面风化作用。坡面防护的措施主要有植物防护和边坡工程防护。

（1）植物防护（生命防护）

植物防护是指用植物所做的防护工程，包括植树、铺草皮、种草等，主要适用于较缓的土质和严重风化的石质边坡，具有施工简单、经济有效等优点。植物防护的原理是利用植物比较发达的根系，深入土层，使表土固结；同时用植物茎叶覆盖坡面，可以调节表土的湿度，保持湿润，防止扬尘风蚀；植被阻滞地面径流，阻止冲刷，有利于水土保持。

1）植树。植树适用于各种土质边坡和风化极严重的岩石边坡，边坡坡度不陡于 1：1.5。在路基边坡和漫水河滩上植树，对于加固路基与防护河岸均有良好效果，并可降低水流速度。在河滩上植树，可促使泥沙淤积，防止水流直接冲刷路堤。在风沙和积雪地面、林带植树，可以防沙、防雪，保护路基不受侵蚀。此外还可美化路容，调节气候，改善高速公路的美学效果。

2）铺草皮。铺草皮适宜于坡度不陡于 1：1 的土质边坡，特别适用于需要迅速绿化的路段。草皮应选择根系发达、茎矮叶茂的耐旱草种，不宜采用喜水草种，严禁采用生长在泥沼地的草皮。施工时采用带状或块状草皮，其规格大小视施工条件而定，草皮厚度宜为 10cm 左右。铺设时由坡脚向上铺钉，用尖木（竹）桩固定在土质边坡上。铺设形式可为平铺、叠铺或方格状铺等。

3）种草。种草适用于边坡稳定、坡面冲刷轻微的路堤或路堑边坡，一般要求边坡坡度不陡于 1：1，边坡地面水径流速不超过 0.6m/s，长期浸水的边坡不宜采用。采用种草防护时，对草籽的选择应注意当地的土壤和气候条件，通常应以容易生长、根部发达、叶茎低矮或有菊小茎的多年生草种为宜，最好采用几种草籽混合播种，使之生成良好的覆盖层。

（2）边坡工程防护（无机防护）

对于石质边坡，一般采用砂石、水泥、石灰等矿质材料进行坡面防护，利用隔离原理达到防止风化的目的。常用的方法有抹面、捶面、喷浆、勾缝、灌浆、护面墙、石砌防护等。

1）抹面。抹面防护适用于易风化而表面比较完整、尚未剥落的岩石边坡。如页岩、泥岩、泥灰岩或千枚岩等，目的是防止表面风化成害。通常的做法是用石灰炉渣的混合灰浆、三合土或四合土（三合土为石灰、炉渣、黏土按一定比例混合而成，四合土则另加河沙）进行抹面。作业前，应对被处治的边坡加以清理，去掉风化层、浮土、松动石块，并填坑补洞，洒水湿润，以利牢固耐久，抹面后还要进行养生。

2）捶面。捶面防护适用于破碎的、有裂隙的较平整岩石边坡。捶面厚度 10～15cm，一般采用等厚截面，当边坡较高时，采用上薄下厚截面。捶面护坡与未防护坡面衔接处应封闭，其措施与抹面相同。坡脚设 1～2m 高的浆砌片石护坡。捶面材料常用石灰土、二灰土等。

3）喷浆。喷浆是一种施工简便、效果较好的方法，适用于容易风化和坡面不平的岩石边坡处治，喷射材料可以是水泥砂浆和混凝土。若喷射砂浆，待砂浆初凝后，应立即开始养护，养护期宜不少于 5 天，施工结束后，应及时对喷浆层顶部进行封闭处理；若喷射混凝土，混凝土强度应满足设计要求，作业前应进行试喷，选择合适的水灰比和喷射压力，混凝土喷射厚度应符合设计规定，且临时支护厚度宜不小于 60mm，永久支护厚度宜不小于 80mm，永久支护面钢筋的喷射混凝土保护层厚度应不小于 50mm。

4）灌浆。借助灰浆的黏结力，使坡面胶结成整体，防止岩块坠落或坍塌；同时阻止雨水及有害杂质浸入缝穴，以防边坡失稳破坏。

5）护面墙。护面墙用于风化严重或易风化的软质岩、较破碎的挖方段和坡面易受侵蚀或有小型坍塌的土质边坡，坡度要求不陡于 1：0.5。这种防护方式可有效地提高边坡的稳定性，可降低边坡开挖高度，减少边坡挖方数量，降低造价，还有利于路容路貌整齐美观。护面墙有实体护面墙、窗孔式护面墙、拱式护面墙等。

6）石砌防护。石砌防护可分为干砌片石防护和浆砌片石防护。干砌片石护坡适用于坡度缓于 1：1.25 的土质路堑边坡或边坡易受地表水冲刷以及有少量地下水渗出的地段。

2. 冲刷防护

冲刷防护主要是对沿河滨海路堤、河滩路堤及水泽区路堤，也包括桥头引导，以及路基边旁堤岸等的防护，可分为直接防护和间接防护。

（1）直接防护

山区狭窄的河谷地段不宜设置导流构造物，也难以改移河道，应优先考虑采用岸坡防护措施，具体有植物防护、砌石防护、抛石防护、石笼防护等。

1）植物防护。沿河路基植物防护施工应符合下列规定：

① 经常浸水或长期浸水的路堤边坡，不宜采用植物防护。

② 沿河路堤边坡铺草皮防护，应按设计采用平铺、叠铺草皮等铺砌方法。基础部分铺置层的表面应与地面齐平。

③ 植树防护宜采用带状或条形布设。防护河岸路基或为防御风浪侵蚀，宜采用横行带状；防护桥头引道路堤，宜采用纵行带状。

④ 应选用喜水性树种，林带应由多行树木组成，乔灌木应密植。

⑤ 种植后，应采取有效措施加以保护。

2）砌石防护。采用干砌、浆砌片石时，不得大面积平铺。干砌护坡砌块应交错嵌紧，严禁浮塞。采用干砌、浆砌河卵石时，应以长方向垂直坡面，横向栽砌牢固。就地浇筑混凝土板时，混凝土表面应平整、光滑。可采取措施提高早期强度。

3）抛石防护。抛石石料应选用质地坚硬、耐冻且不易风化崩解的石块。石料粒径应大于300mm，宜用大小不同的石块掺杂抛投。抛石体边坡坡率和石料粒径应根据水深、流速和波浪情况确定，坡度应不陡于抛石石料浸水后的天然休止角。

4）石笼防护。石笼指的是为防止河岸或构造物受水流冲刷而设置的装填石块的笼子。石笼防护施工应根据设计要求或不同情况和用途，合理选用石笼形状，具体包括石笼网箱和连接单元网箱。石笼填充物应采用质地坚硬、不易崩解和水解的片石或块石，石料粒径宜为100~300mm，粒径小于100mm的石料应不超过15%，且不得用于网格的外露面，孔隙率不得超过30%。网箱安装应在下一层网箱高度符合要求后，再进行上一层网箱的施工。层与层间的网箱应纵横交错或丁字形叠砌，上下连接，不得出现通缝。

（2）间接防护

间接防护是利用顺坝、丁坝、拦水坝、格坝等导流构造物来改变水流方向，调节水流速度，从而消除和减弱水流对路基边坡的直接作用。施工导流构造物时，尽可能避免过多地压缩河床断面，否则，造成水位抬高，影响上下游路基、农田及建筑物的安全。

3. 支挡结构

支挡结构包括挡土墙、抗滑桩、预应力锚索等支撑和锚固结构，是用来支撑、加固填土或山坡体，防止其坍滑，以保持稳定的一种建筑物结构。

（1）挡土墙

挡土墙是指支承路基填土或山坡土体、防止填土或土体变形失稳的构造物。根据其刚度及位移方式不同，可分为刚性挡土墙、柔性挡土墙和临时支撑三类。

根据挡土墙的设置位置不同，分为路肩墙、路堤墙、路堑墙和山坡墙等。设置于路堤边坡的挡土墙称为路堤墙；墙顶位于路肩的挡土墙称为路肩墙；设置于路堑边坡的挡土墙称为路堑墙；设置于山坡上，支承山坡上可能坍塌的覆盖层土体或破碎岩层的挡土墙称为山坡墙。

（2）抗滑桩

抗滑桩是穿过滑坡体深入滑床的桩柱，用以支挡滑体的滑动力，起稳定边坡的作用，适用于浅层和中厚层的滑坡，是一种抗滑处理的主要措施。对正在活动的滑坡打桩阻滑时需要慎重，以免因振动而引起滑动。根据滑体的厚薄、推力大小、防水要求及施工条件等选用木桩、钢桩、混凝土及钢筋混凝土桩。

（3）预应力锚索

预应力锚索是指采取预应力方法把锚索锚固在岩体内部的索状支架，用于加固边坡。锚索靠锚头通过岩体软弱结构面的孔锚入岩体内，把滑体与稳固岩层连在一起，从而改变边坡岩体的应力状态，提高边坡不稳定岩体的整体性和强度。预应力锚索施工时，需专门的拉紧装置和机具。

4. 地基加固

地基加固需结合建筑物的上部结构及当地的土质情况综合确定加固方法，具体包括以下几种方法。

1）换填法：建筑物基础下的褥垫层相对性较差，当无法满足上部结构荷载对地基的标准时，通常选用换土垫层去处理弱地基。

2）预压法：预压法是一类高效的软土地基处理方法。此方法本质上是在建筑物或构筑物开工前，从拟建场地施加或分级施加同样的荷载，使土壤中的孔隙水排出，孔隙体积缩小，土壤层致密，来提升地基承载力和可靠性。

3）强夯法：强夯法是法国梅纳（Menard）1969 年开创的一类地基加固方法，即用几十吨重锤在高处落下，不断压实地面，对地基开展强力压实。

4）振动冲击法：振动冲击法是振动水冲击法的简称，可以分为振动冲击置换法和振动冲击密实法。

5）深层搅拌法：深层搅拌法运用混凝土或其他固化剂通过独特搅拌器，在基础上强制混合混凝土和土壤层，使弱土硬化成一体，形成水稳定性和足够强度的水泥桩或连续墙，处理深度可达 8~12m。

6）砂石桩法：碎石桩、砂桩和砂石混合桩总称为砂石桩，又称粗颗粒土桩。砂石桩法是指采用振动、冲击或水冲等方式在软弱地基中成孔后，再将碎石、砂或砂石挤压入成孔中，形成砂石所构成的密实桩体，并和原桩周土组成复合地基的地基处理方法。

7）灰土挤密桩法：采用沉管、冲击或爆扩等方法在地基中挤土成孔，成孔后将孔底夯实，然后用素土或灰土在最佳含水量状态下分层回填夯实，待挤密桩施工结束后，将表层挤松的土挖除或分层夯压密实。

5.1.7 路基整修

路基工程完工交接验收前，应对外观质量进行整修，对局部缺陷进行处理。路基整修包括自检后的整修和交接验收后的整修。整修的目的是为了路基工程达到设计文件和规范规定的技术标准和质量标准。整修工作内容包括按规范规定进行路堤和路堑边坡的修整，以符合施工图规定的线形纵坡、边坡、边沟和路基断面。

1. 路基表面整修

路基表面的整修应根据质量缺陷的具体情况采用合理的方案与工艺。土质路基表面达到设计标高后应采用平地机或推土机刮平，铲下的土不足以填补凹陷时，应采用与路基表面相同的土填平夯实，补填的土层压实厚度应不小于100mm，压实后表面应平整，不得松散、起皮。石质路基表面应用石屑嵌缝紧密、平整，不得有坑槽和松石。

2. 路基边坡整修

修整边坡时，深路堑土质边坡整修应按设计要求坡度，自上而下进行刷坡，不得在边坡上以土贴补。边坡需要加固地段，应预留加固位置和厚度，使加固完工后的坡面与设计边坡一致。填土路基两侧超填的宽度应予切除，如遇边坡缺土时（如雨水冲刷形成小冲沟），应将原边坡挖成台阶，分层填补夯实。石质路基边坡应做到设计要求的边坡比，坡面上的松石、危石应及时清除。

3. 排水系统及其他整修要求

排水系统的沟、槽表面应整齐，沟底应平整，排水应畅通不渗漏。如有质量缺陷应进行处理。边沟的整修应挂线进行，对各种水沟的纵坡（包括取土坑纵坡）应用仪器检测，修整到符合图样及规范要求。各种水沟的纵坡，应按图样及规范要求处理，不得随便用土填补。截水沟、排水沟及边沟的断面，应按设计要求处理。防护与支挡工程应检查泄水孔是否有遗漏和通畅，结构物是否有变形位移等，如有质量缺陷应进行处理。路基修整完毕后，堆于路基范围内的废弃土料应予以清除。

5.2 | 高速公路路面施工

公路路面由垫层、路面基层和面层几个部分组成。其中，路面基层作为起承重和扩散应力作用的结构层，它的施工质量会对整个路面的质量产生直接影响。

5.2.1　底基层与基层施工

路面基层分为底基层和基层两个部分，是面层和垫层在结构体上的过渡段，也是面层将所承受的不均匀荷载均匀地传播到垫层中的过渡段。路面基层是在路基（或垫层）表面上用单一材料按照一定的技术措施分层铺筑而成的层状结构，其材料与质量的好坏直接影响路面的质量和使用性能。基层是整个道路的承重层，起稳定路面的作用。

路面底基层是指直接位于沥青面层或水泥混凝土面板下用高质量材料铺筑的主要承重层。其设置的目的是防泥、防冰冻、减少路基顶面的压应力、缓和路基不均匀变形对面层的影响、防水、为面层施工提供方便、提高路面结构的承载能力和延长路面的使用寿命等。底基层按组成材料的不同可分为碎石、砾石、稳定土和工业废渣底基层等。

1. 路面基层分类

按照其材料力学行为可以将基层分为刚性基层、柔性基层和半刚性基层。

（1）刚性基层

包括碾压混凝土基层、多孔混凝土基层、贫混凝土基层、水泥混凝土基层和连续钢筋混凝土基层。一般适用于高等级行车、超重车辆、较重车辆或有特殊要求的路面基层。

（2）半刚性基层

半刚性基层主要是指石灰稳定类、二灰稳定类和水泥稳定类以及工业废渣类的基层材料，通过固结形成的板体结构，刚度介于柔性和刚性之间。

（3）柔性基层

柔性基层沥青路面一般用于无黏结剂颗粒（底层）基层沥青路面、沥青稳定碎石基层（下垫颗粒层或直接在改良的路基土上）的沥青路面。沥青稳定碎石具有较高的剪切强度、弯曲拉伸强度和抗疲劳性。和半刚性基层相比，它更不容易出现收缩开裂和水损害。

2. 路面基层的施工工艺

路面基层的施工与路面的其他结构一样，施工质量应当达到路面基层坚实并且能够承受施工机械在上面作业的要求。具体说来，在铺筑面层前，底基层和基层的压实度应分别达到 95% 和 98% 以上；路面基层施工的厚度、横坡与强度不仅要符合设计的要求，还要保证基层的表面平整、边线整齐、接茬平顺，不存在松散坑洼和软弹的现象。

底基层和基层的路面施工工艺主要包括下承层准备、混合料的拌和及运输、摊铺、碾压、接缝和养生。

（1）下承层准备

由于地质条件的影响，路面基层在不同的路段厚薄不同，施工规定又限制了路面基层铺筑的最小及最大厚度，所以要针对不同的路面基层厚度来制定不同的单层铺筑厚度及铺筑层数，这给施工带来了极大的困难。很多路面是在原有的路面上铺筑，部分基层的损坏程度相对较小，在挖补后不能用机械铺筑，也给施工造成了困难。为了加快施工的进度，提高施工的质量，一般要将路面面层挖开后，鉴定基层是被利用还是被处理。

（2）混合料的拌和及运输

在进行混合料搅拌的时候，需要用专门的搅拌机器进行搅拌作业，在具体工作开展之前需要对骨料进行加热，保持温度在 175～190℃，再将已经加热后的骨料运输到振动筛中，由各个不同规格的筛网进行筛选，将不同规格的骨料分别存储。然后对高速公路修建中最为常见的原材料沥青进行加热处理，使沥青的温度保持在 160～170℃。在完成上述工作以后，需要加入适量的矿粉，并且进行充足的搅拌，使得混合料可以达到均匀搅拌的需求。另外，公路修建的原材料，包括热料、矿粉和沥青都需要根据路面施工的具体要求进行合理的材料配比。至于搅拌时间，可以通过试拌来确定。为了保障后续施工的质量，确保高速公路路面施工的平整和质量，搅拌后混合料的温度保持在 155～170℃，为高速公路的路面施工打下良好的基础。

（3）摊铺

在高速公路的路面施工中，当混合料的质量通过检测后，需要进行摊铺作业。在具体的施工中，一般情况下会选择采用两台摊铺机一起进行作业，并且同时还需要借助拉钢丝绳对路面的平整度和标高进行控制，确保路面摊铺后的厚度和平整度都可以达到规定要求。在路面摊铺的过程中，摊铺机需要平稳行驶，确保施工中的速度可以达到平均。

（4）碾压

碾压是路面基层施工中最主要的工序，是通过向摊铺好的施工混合料施加动压力，将施工混合料逐步压实，形成路面基层的过程。施工混合料在摊铺后，随着水分的损失，稠度会变大，可碾性也会变差，所以要及时进行施工以缩短施工混合料从拌和完成到混合料成形的时间，尽量减少硬化混合料的强度损失。另一方面，振动波的能量从摊铺层上部传到摊铺层下部，随着摊铺层厚度的增加，摊铺层下部获得的能量就越少，所以要通过增加碾压的遍数和时间来使混合料的结合更加密实，但是过多遍数和过长时间的碾压容易使表面产生裂纹或波浪。

（5）接缝

当沥青路面的混合料碾压工作完成后，需要对碾压后的实际效果进行检测，确定路面检测的质量是否达到合格要求。路面的检测结果达到标准要求时就可以开始接缝作业。接缝处理效果对高速公路的路面施工质量有着一定的影响。为了后续的接缝工作可以顺利进行，需要在摊铺这一环节中预先留出 10～20cm 的宽度，这预先留出的宽度先不进行碾压，最后可以通过跨缝碾压的方式来消除预先留出的缝迹。

（6）养生

路面基层的含水量较低，短时间内就会出现干燥的现象。然而路面基层稍稍脱水就会降低路面基层的强度，产生大量的表面裂缝。所以在施工过程中，一般采用对路面基层进行为期一周的湿养来提高路面基层的强度。为了避免冲掉路面基层表面的稀释料，在对路面基层进行养生时不能用洒水车在路面上喷水，而是用土工布覆盖整个路面，再在土工布上低压浇水或者喷洒雾状水。在对路面基层进行养生期间，要对该路段封闭交通，并且要特别注意养护路面基层边角接缝的地方。

3. 施工质量标准与控制

基层底基层施工质量标准与控制应包括原材料检验、施工参数确定、施工过程中的质量检查验收等，一是要按照相关要求备料，严把进料质量关；二是要按施工需求合理布置建设场地，选择适宜的拌和、摊铺和碾压机械；三是将试验段确定的施工参数作为施工过程中质量控制的标准；四是完善、提高现场实验室工作能力，保证试验、检验数据真实、完整、可靠；五是各个工序完结后，应检查验收，合格后方可进行下一个工序。

5.2.2 沥青路面施工

沥青路面是指在矿质材料中掺入路用沥青材料铺筑的各种类型的路面。沥青结合料提高了铺路用粒料抵抗行车和自然因素对路面损害的能力，使路面平整少尘、不透水，经久耐用。因此，沥青路面是道路建设中一种被最广泛采用的高级路面。

沥青路面施工

1. 沥青路面的类型

沥青路面的沥青类结构层本身，属于柔性路面范畴，但其基层除柔性材料外，也可采用刚性的水泥混凝土，或半刚性的水硬性材料。沥青路面有多种分类方法，按骨料种类不同分为沥青砂、沥青土、沥青碎（砾）石混合料等；按沥青材料品种不同分为石油沥青路面、煤沥青路面、天然沥青路面和渣油路面。但较普遍的分类方法是按其施工方法、技术品质和使用特点分为沥青混凝土路面、厂拌沥青碎石路面、沥青贯入式路面、路拌沥青碎（砾）石混合料路面和沥青表面处治路面。

2. 沥青路面的材料选择

沥青路面使用的各种材料运至现场后必须取样进行质量检验，经评定合格后方可使用，不得以供应商提供的检测报告或商检报告代替现场检测。沥青路面骨料的选择必须经过认真的料源调查，确定料源应尽可能就地取材，质量符合使用要求，石料开采必须注意环境保护，防止破坏生态平衡。骨料粒径规格以方孔筛为准。不同料源、品种、规格的骨料不得混杂堆放。

（1）沥青材料

沥青路面所用的沥青材料主要有道路石油沥青、乳化沥青、液体石油沥青、煤沥青、改性沥青和改性乳化沥青。

（2）骨料

骨料是沥青路面材料中矿物质粒料的通称，在路面材料中起骨架作用和填充作用。有时需数种粗、细粒料混合组成所需要的粒径级配。骨料中把粒径在5mm 以上的称作粗骨料，5mm 以下的称为细骨料。

沥青层用粗骨料包括碎石、破碎砾石、筛选砾石、钢渣、矿渣等，但高速公路和一级公路不得使用筛选砾石和矿渣。

沥青路面的细骨料包括天然砂、机制砂、石屑。细骨料必须由具有生产许可证的采石场、采砂场生产。细骨料应洁净、干燥、无风化、无杂质，并有适当的颗粒级配。细骨料的洁净程度，天然砂以小于 0.075mm 含量的百分数表示，石屑和机制砂以砂当量（适用于 0~4.75mm）或亚甲蓝值（适用于 0~2.36mm 或 0~0.15mm）表示。

（3）填料

沥青混合料的矿粉必须采用石灰岩或岩浆岩中的强基性岩石等憎水性石料经磨细得到，原石料中的泥土杂质应除净。矿粉应干燥、洁净，能自由地从矿粉仓流出。

3. 施工工艺流程

（1）施工前的准备工作

1）对设计图、招标文件及合同规定要熟悉了解。

2）人员配置。选用责任心强、技术较好的人员进行施工。

3）沥青混凝土配合比设计。这项工作由现场实验室负责完成，由现场实验室准备原材料，送到业主指定的专业实验室进行。

4）拌和场设置。在设置拌和场时需要对场地位置加以充分考虑，要考虑运输上的经济合理性，场地要尽可能的宽敞、平整。

5）材料的准备。要重视对材料的管理，材料在采购时要随机进行抽检，选用物理力学指标达到技术标准要求的材料，且材料的数量要准备充足。

6）设备的安装调试。要注意拌和设备的正常运行，要能满足工作的连续性要求以及工期的要求。

（2）沥青混合料运输

对于沥青混合料的运输需要采用较大吨位的运料车进行，在运输过程中要匀速进行，不能超载运输或是紧急制动，不然会损坏封层或透层。必须采用金属板进行运料车厢的各个侧面与底面的制作，使用前后都需要将其车厢清扫干净。沥青混合料从拌和机转到运料车上时，要对汽车位置进行前、后、中三次的挪动，以平衡装料，尽可能减少粗骨料的离析现象的发生。运料车要有相应的覆盖篷布，除了运输时间在 0.5h 以下，或是在夏季高温环境进行施工时可以不用覆盖篷布，其余时间都要加以覆盖，以防雨、防污染并保温。但运输沥青混合料改性沥青混合料时，其运料车都要加盖篷布。

（3）沥青混合料的摊铺

沥青混合料的摊铺工艺非常重要，是确保沥青面层达到预期平整度的重要环节，而提高路面平整度最主要的措施就是要连续、缓慢、均匀、不间断地进行摊铺。

（4）沥青路面的碾压

沥青路面施工的最关键环节就是碾压。在碾压施工过程中，碾压质量主要受碾压次数和碾压速度的影响，二者相互作用、互相制约，在确保碾压质量的同时，要保持合理的碾压速度，这样才能减少碾压时间，使碾压效率提高。

（5）施工接缝的处理

沥青路面施工接缝主要分为横接缝和纵接缝，通常同时采用两台摊铺机进行作业，在主线上的纵向接缝处，要采用热接缝，在加宽路段的纵接缝处，要采用冷接缝。横向接缝对平整度的影响也较大。为确保整个路面施工质量与平整度，在沥青混凝土路面的上、中、下这三个面层的横接缝处，只能采取垂直的平接缝。

5.2.3 水泥混凝土路面施工

水泥混凝土
路面施工

水泥混凝土路面是指以水泥混凝土为主要材料做面层的路面，简称混凝土路面，也称刚性路面，俗称白色路面。水泥混凝土路面由垫层、基层及面层构成，可分为素混凝土、钢筋混凝土、连续配筋混凝土、预应力混凝土、钢纤维混凝土、装配式混凝土路面等。

1. 水泥混凝土路面的类型

（1）素混凝土路面

在公路、城市道路及机场道面中，目前我国采用得最广泛的是现场浇筑的普通混凝土路面，这类混凝土路面除接缝区和局部范围（边缘或角隅）外，不配置钢筋，也称素混凝土路面。

用素混凝土或仅在路面板边缘和角隅少量配筋的混凝土，就地灌筑成的路面结构，施工方便，造价低廉。素混凝土路面应沿纵向每隔 5~6m 设一缩缝，满足冬季缩裂要求；每隔 20~40m 设一胀缝，防止夏季热胀，板屈曲压裂或缝边混凝土挤碎；沿横向每隔 3~4.5m 设一纵缝。

（2）钢筋混凝土路面

在混凝土路面板内，沿纵横向配置钢筋网，配筋率为 0.1%~0.2%。钢筋直径 8~12mm，纵筋间距 15~35cm，横筋间距 30~75cm。钢筋设在板表面下 5~6cm 处，以减轻板面裂纹的产生和扩张。板厚和纵缝间距与素混凝土路面相同，但横缩缝间距可增至 10~30m，并设传力杆。在路基软弱地段和交通特别繁重处，也可将钢筋网设在板底面之上 5~6cm 处，或设双层钢筋网。

（3）连续配筋混凝土路面

在混凝土路面板内大量配筋，配筋率达 0.6%~1.0%，纵筋直径 12~16mm，间距 7.5~20cm，可连续贯穿横缝。横筋直径 6~9mm，间距 40~120cm。钢筋设在板厚中央略高处，与板表面距离至少 6~7cm。

（4）预应力混凝土路面

预应力混凝土路面板厚可减至 10~15cm，缩缝间距可增至 100~150m。但因施工工艺复杂，所需机具性能要求较高，除在某些飞机场建设中获得成功经验外，尚未普遍推广。按路面构造的不同分为三种：

1）无筋预应力混凝土路面。在混凝土板两端设置墩座埋入地基内，墩座与板之间设置弹力缝，放入钢弹簧。板长中央设置加力缝，缝内设千斤顶，对混凝土板逐渐施加压应力至 5MPa，然后塞入混凝土预制块，取出千斤顶，用混凝土填塞缝隙。

2）有筋预应力混凝土路面。在混凝土板厚中央预留孔，穿进钢丝束，张拉后将两头锚固，并在孔内注入水泥浆使钢丝束与混凝土粘牢。较窄的板可仅在板的纵向加力，较宽的板需在纵横向同时加力，或按与路中线成小于 45°夹角的斜向加力。后者可以连续浇筑很长的板，在板的两侧施加应力。

3）自应力混凝土路面。用膨胀水泥制备混凝土铺筑路面，借配筋或在板的两端设置墩座，通过混凝土的膨胀施加预应力。

（5）钢纤维混凝土路面

在混凝土中掺入 1.5%~2.0%（体积比）的长 25~60mm、直径 0.25~1mm 的钢纤维，可使其 28 天极限抗压强度和极限抗弯拉强度较素混凝土提高 50% 以上；而且它的抗疲劳和抗裂缝能力也较素混凝土高。与素混凝土路面相比，钢纤维混凝土路面板厚可减小 30%~50%，缩缝间距可增至 15~30m，纵缝间距可增至 8m，可以不设胀缝。

（6）装配式混凝土路面

在工厂中制成混凝土预制板，运至工地现场铺装而成的路面。装配式混凝土板一般做成边长 1~2m 的正方形或矩形，也可做成边长 1.2m 的六角形，板厚 12~18cm；还可做成宽 3.5m、长 3~6m 的大型板，但需有相应的运输和吊装机具配合。板的边缘和角隅可配置钢筋，也可在全板面配设钢筋网。

2. 施工原材料

（1）水泥

极重、特重、重交通荷载等级公路面层水泥混凝土应采用旋窑生产的道路硅酸盐水泥、硅酸盐水泥、普通硅酸盐水泥，中、轻交通荷载等级公路面层水泥混凝土可采用矿渣硅酸盐水泥。高温期施工宜采用普通型水泥，低温期施工宜采用早强型水泥。

（2）掺合料

各种掺合料在使用前，应进行混凝土配合比试配检验与掺量优化试验，确认面层水泥混凝土弯拉强度、工作性、抗磨性、抗冰冻性、抗盐冻性等指标满足设计要求。

面层水泥混凝土可单独或复配掺用符合规定的粉状低钙粉煤灰、矿渣粉或硅灰等掺合料，不得掺用结块或潮湿的粉煤灰、矿渣粉和硅灰。矿渣硅酸盐水泥中，矿渣最大掺量可达75%，加上5%石膏，熟料仅含20%，如果在矿渣硅酸盐水泥配制的混凝土中再掺矿渣，熟料的含量将非常少，几乎变成全矿渣水泥。

（3）粗骨料与再生粗骨料

粗骨料应使用质地坚硬、耐久、干净的碎石、破碎卵石或卵石。中、轻交通荷载等级公路面层水泥混凝土可使用再生粗骨料。粗骨料与再生粗骨料应根据混凝土配合比的公称最大粒径分为2~4个单粒级的骨料，并掺配使用。

（4）细骨料

细骨料应使用质地坚硬、耐久、洁净的天然砂或机制砂，不宜使用再生细骨料。再生细骨料的吸水率较高，水灰比难于控制，拌合物的坍落度损失大而快，用于面层水泥混凝土时，弯拉强度离差系数较大，表面抗磨性波动较大，对路面其他耐久性的影响缺少验证，因此规定不宜使用。

（5）外加剂

面层水泥混凝土的各种外加剂应经有相应资质的检测机构检验合格，并提供检验报告后方可使用。外加剂产品应使用工程实际采用的水泥、骨料和拌合用水进行试配，检验其性能，确定合理掺量。外加剂复配使用时，不得有絮凝现象，应使用工程实际采用的水泥、骨料和拌合用水进行试配，确定其性能满足要求后方可使用。

（6）钢筋

水泥混凝土、钢筋混凝土及连续配筋混凝土面层所用钢筋、钢筋网、传力杆、拉杆等应符合国家和行业现行相关标准的规定。钢筋不得有裂纹、断伤、刻痕、表面油污和锈蚀。配筋混凝土路面与桥面用钢筋宜采用环氧树脂涂层或防锈漆涂层等保护措施。

（7）纤维

钢纤维表面不应沾染油污及妨碍水泥黏结及凝结硬化的物质，结团、黏结连片的钢纤维不得使用。用于面层水泥混凝土的玄武岩短切纤维的外观应为金褐色，匀质、表面无污染，二氧化硅含量应在48%~60%，其表面浸润剂应为亲水型。用于面层水泥混凝土的合成纤维可采用聚丙烯腈（PANF）、聚丙烯（PPF）、聚酰胺（PAF）和聚乙烯醇（PVAF）等材料制成的单丝纤维或粗纤维，其质量应符合现行《水泥混凝土和砂浆用合成纤维》（GB/T 21120—2018）的规定，且实测单丝抗拉强度最小值不得小于 450MPa。

（8）接缝材料

用于水泥混凝土面层的胀缝板的高度、长度和厚度应符合设计要求，并按设计间距预留传力杆孔。孔径宜大于传力杆直径 2mm，高度和厚度尺寸偏差均应小于 I. 5mm。高速公路胀缝板宜采用塑胶板、橡胶（泡沫）板或沥青纤维板。

（9）养护材料

水泥混凝土面层用养护剂应采用由石蜡、适宜高分子聚合物与适量稳定剂、增白剂经胶体磨制成水乳液，不得采用以水玻璃为主要成分的养护剂。养护剂宜为白色胶体乳液，不宜为无色透明的乳液。

3. 主要施工工艺与技术

（1）施工工艺流程

目前我国公路路面施工大部分采用滑膜摊铺机，其施工过程必须加强每一个工艺环节的控制，避免施工过程出现中断。水泥混凝土路面施工工艺流程如图 5-10 所示。

（2）水泥混凝土路面关键施工技术

1）基层施工技术要点。

① 混合料摊铺。用于水稳砂砾基层施工的混合料通过自卸式车辆运至现场，从远到近卸料，环境温度过高时，要避免混合料水分蒸发。依据铺筑层的厚度，对每车混合料的摊铺面积合理计算，混合料均匀卸至铺筑路段内，使用平地机整平。

② 混合料碾压成型。混合料摊铺初平后使用压路机全路幅碾压。直线段从路肩向中心碾压，平曲线段从内侧路肩向外侧路肩碾压。压路机作业时，轮宽重叠 1/2，后轮要超过两段接缝，通常碾压 6～8 遍能够达到压实效果。控制好压路机的碾压速度，不宜过快，以免影响压实质量。碾压过程中，要使水稳基层表面保持湿润，当水分蒸发速度过快时，可洒适量的水。

③ 纵缝处理及养生。水稳砂砾基层纵向接缝采用垂直相接处理方式，用钢模板支撑前一幅施工基层靠中央的一侧，钢模板高度与水稳砂砾基层的压实厚度相同，在接缝处理后摊铺碾压砂砾基层，碾压后进入养生阶段。在前幅基层养生结束后，下一幅基层铺筑前拆除钢模板，进入铺筑另一幅路面的施工工序。

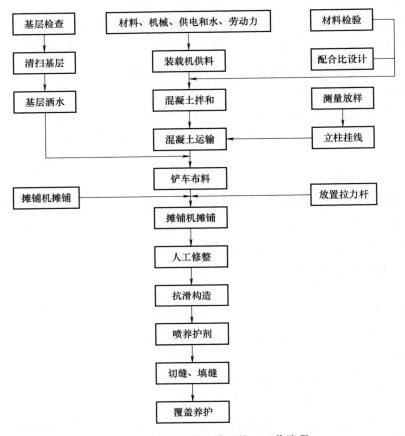

图 5-10　水泥混凝土路面施工工艺流程

2）面层施工技术要点。

① 钢模板安装。钢模板可以选用国标槽钢制作加工，要保证槽钢的高度与混凝土板的厚度相一致，接头位置处采用专用的配件牢靠固定，确保接头严密，不得存在缝隙。当钢模板安装就位后，可利用 T 字形道钉将模板嵌入基层中固定牢靠，随后用砂浆对固定好的钢模板底部填塞密实，提高模板的整体稳定性。使用水准仪检查顶面标高，误差控制在 1.0mm 以内，确认合格后，在钢模板内侧均匀涂抹一层机油，以便脱模。

② 混凝土制备。如工程所用混凝土以强制式搅拌机生产，在搅拌站内备足水泥、砂石等材料，避免材料不足，影响混凝土的生产效率，造成进度延误。首盘混凝土拌制前，先用砂浆搅拌，然后排出废弃物，随后按照实验室提供的配合比，拌制混凝土。严格按照以下顺序投料：砂、水泥、碎石，边投料边加

水搅拌，要达到标准规范规定的搅拌时间，保证混凝土的工作性能达标。

③ 运输摊铺。制备好的混凝土由自卸式车辆运至现场，卸至铺筑路段后，及时摊铺。在对混凝土摊铺前，要检查模板和基层，看模板的间隔、高度是否符合作业要求，基层的平整度是否达标，确认没有问题后，便可开始摊铺作业。自卸式车辆将运至现场的混凝土以侧向的方式卸至装有钢模板的路槽内，卸料时要尽可能达到均匀，若是混凝土出现离析现象，则可通过翻拌的方式处理。摊铺作业时，将路槽内的混凝土按照设计厚度，均匀铺满模板。

④ 制作抗滑构造。如工程采用拉毛方式制作抗滑构造，拉毛选用压纹机。压纹机作业要保证纹理均匀顺直，控制纹理深度；压纹机的走向要垂直于路面前进方向，顺利衔接相邻板的纹理，横向邻板纹理要方便排水；压纹机拉毛要使混凝土表面达到无波纹水迹的要求，尽量在混凝土初凝前完成拉毛，提高路面抗滑构造的施工质量。

⑤ 混凝土养护。将麻袋、草席等覆盖到混凝土表面上起到保温保湿作用；每天对覆盖物洒水 4~6 次，使混凝土在养护期间始终保持潮湿；检测混凝土强度，根据强度变化确定养护时间，养护时间在 14~21 天；养护后清除覆盖物，检查混凝土板面是否有痕迹。

⑥ 切缝。为防止混凝土初期出现断板，必须严格控制切缝的时间。在混凝土强度达到 6.0MPa 时进行切缝，当混凝土强度达到 12.0MPa 之前完成切缝；若遇到气温骤降或骤升的天气，要提前切缝，避免混凝土面板出现不规则裂缝。混凝土路面切缝采用切缝机，横向和纵向缩缝的切缝深度要达到板厚的 1/5~1/4，胀缝处的深度为 3~4cm，缝宽 0.3~0.8cm。切缝之前调整切缝机的进刀深度，在切缝过程中及时调整刀片切割方向，并用水冷却刀片，水压不得小于 0.2MPa。切缝作业完毕后关闭切缝机，使刀片停止运转后位于混凝土板面上方，以便进入下道施工工序。

⑦ 填缝。采用沥青作为填缝材料，填缝之前清理缝内杂质，用压缩空气、压缩水清除杂物，保证缝内干燥、无积水、无杂质。在干燥清洁的条件下灌注沥青，控制灌注高度，沥青灌注面要低于板面 1~2mm。控制沥青填缝质量，要求填缝均匀、饱满、连贯。在填缝施工后，检查沥青填料与缝壁的黏结情况，如果发现部分沥青脱开缝壁，则要用喷灯烘烤沥青，使沥青紧密黏结到缝壁上。

复　习　题

1. 高速公路路基施工方法有哪些？各类方法有什么优缺点？

2. 土质路堑开挖取土与弃土需要注意什么？

3. 石质路堑开挖施工有哪些方法？

4. 简述路基地表排水设施种类。

5. 路基防护设施施工包括哪几类？

6. 高速公路路面底基层和基层的路面施工工艺包括哪些内容？

7. 沥青路面可以分为哪几类？

8. 常见的高速公路沥青路面病害有哪些？原因是什么？如何去防治？

9. 简述几类常见的水泥混凝土路面的特点。

10. 简述水泥混凝土路面面层施工技术要点。

第6章
高速公路交通工程及沿线设施

　　高速公路交通工程及沿线设施包括高速公路交通安全设施、交通服务设施、交通控制及管理系统（监控系统、通信系统、收费系统、救援系统）等。

6.1　高速公路的交通安全设施

　　交通安全设施属于道路的基础设施，它对排除各种纵、横向干扰，提高道路服务水平，提供视线诱导，减轻事故的严重度，增强道路景观起着重要作用。

交通安全设施包括护栏、隔离设施、防眩设施、视线诱导设施、交通标志、交通标线、照明设施、安全岛、防噪声设施等。

6.1.1 护栏

护栏是为防止高速公路车辆驶出路外或闯入对向车道，而沿高速公路边缘或在分隔带上设置的一种安全防护措施，是一种重要的交通安全设施。

高速交通安全
设施之护栏

1. 护栏的分类

（1）按设置位置分类

按设置位置可将护栏分为路侧护栏、中央分隔带护栏和桥梁护栏三类。

路侧护栏：设置于公路路肩上，用来防止失控车辆越出路外，保护路侧构造物和其他设施的一种护栏形式。

中央分隔带护栏：设置于中央分隔带内，用来防止失控车辆穿越中央分隔带闯入对向车道，保护中央分隔带内的构造物和其他设施的一种护栏形式。

桥梁护栏：设置于桥梁上的护栏，用来防止失控车辆越出桥外。

（2）按护栏的刚度分类

按护栏的刚度可将护栏可分为刚性护栏、半刚性护栏和柔性护栏。

1）刚性护栏。刚性护栏一般指的是混凝土墙式护栏。这是一种具有一定断面形状的水泥混凝土墙式结构，依靠汽车爬高、变形和摩擦来吸收碰撞能量。

刚性护栏在碰撞时变形小损坏少，维修费用很低，防止车辆越出路（桥）外的效果较好；但当车辆与护栏的碰撞角度较大时，对车辆和驾驶人员的伤害较大，而且对驾驶员有较强的行驶压迫感，乘客的瞭望舒适性也较差，在寒冷地区使用容易积雪。因此，不推荐在高速公路上全线设置，仅适用于窄中央分隔带、桥梁及设置较高路肩式挡墙等的部分路段。

2）半刚性护栏。半刚性护栏一般指的是梁式护栏。这是一种用支柱固定的梁式结构，依靠护栏的弯曲变形和张拉力来抵抗车辆的碰撞。梁式护栏按不同结构可分为波形梁护栏、管梁护栏、箱梁护栏等数种。

波形梁护栏是一种以波纹状钢护栏板相互拼接并由立柱支撑而组成的连续结构，利用土基、立柱、波形梁的变形来吸收碰撞能量，并迫使失控车辆改变方向。波形梁护栏具有较强的吸收碰撞能量的能力和较好的视线诱导功能，能与高速公路线形相协调，可在小半径弯道上使用，外形美观，损坏后易于更换。波形梁护栏适用于高速公路和互通式立体交叉匝道的中央分隔带护栏和路侧护栏（大、中桥的路侧护栏除外）。

3）柔性护栏。柔性护栏一般指的是缆索护栏，这是一种以数根施加初拉力的缆索固定于立柱上的结构，完全依靠缆索的拉应力来抵抗车辆的碰撞，吸收碰撞能量；碰撞后缆索的变形是弹性的，护栏几乎无损坏，不需要更换。

缆索护栏的形式美观，车辆行驶时没有压迫感，但视线诱导效果差。它适用于交通量低、大型车占有率小、对景观要求高的路段，特别适合冬季积雪的公路。

2. 护栏的功能

护栏的功能包括阻止失控车辆越出路外或穿越中央分隔带闯入对向车道；保护路侧或中央分隔带内的重要结构物和设施；使失控车辆回复到正常行驶方向；吸收碰撞能量；诱导驾驶员的视线。

3. 路侧护栏的设置原则

（1）按事故严重程度等级不同设置护栏

公路路侧或中央分隔带应通过保障合理的净区宽度降低车辆驶出路外或驶入对向车行道事故的严重程度。公路实际净区宽度与计算净区宽度不同时，应在交通安全综合分析的基础上，根据规定按照驶出路外或驶入对向车行道事故的风险确定是否设置护栏。事故严重程度和运行速度、路侧条件有关，可分成低、中、高三个等级。

1）事故严重程度等级为高，必须设置护栏的情况。

路侧计算净区宽度范围内有高速铁路、高速公路、高压输电线塔、危险品储藏仓库等设施时，事故严重程度等级为高，必须设置护栏。

2）事故严重程度等级为中，应设置护栏的情况。

路侧计算净区宽度范围内有下列情况时，事故严重程度等级为中，应设置护栏：

① 二级及二级以上公路边坡坡度和路堤高度在图 6-1 所示的Ⅰ区、Ⅱ区阴影范围内的路段。

② 有江、河、湖、海、沼泽等水深 1.5m 以上水域的路段。

③ 有Ⅰ级铁路、一级公路等。

④ 高速公路、一级公路路外设有车辆不能安全越过的照明灯、摄像机、交通标志、声屏障、上跨桥梁的桥墩或桥台、隧道入口处的检修道或洞门等设施的路段。

3）事故严重程度等级为低，宜设置护栏的情况。

路侧计算净区宽度范围内有下列情况时，事故严重程度等级为低，宜设置护栏：

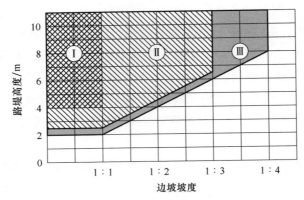

图 6-1　边坡坡度、路堤高度与设置护栏的关系

① 二级及二级以上公路边坡坡度和路堤高度在图 6-1 所示的 Ⅲ 区阴影范围内的路段，三级、四级公路边坡坡度和路堤高度在图 6-1 所示的 Ⅰ 区阴影范围内的路段。

② 二级及二级以上公路路侧边沟无盖板、车辆无法安全越过的挖方路段。

③ 高出路面或开挖的边坡坡面有 30cm 以上的混凝土砌体或大孤石等障碍物。

④ 出口匝道的三角地带有障碍物。

（2）路基护栏的防护等级

路外危险等级越高，事故后果越严重；速度越高，事故的后果越严重。公路等级越高，承担的交通量更大，路段的风险也越大。所以，护栏最小防护等级由公路等级和事故严重程度等级确定。路基护栏的防护等级应符合表 6-1 的规定。

表 6-1　路基护栏防护等级的选取

公路等级	设计速度 /（km/h）	事故严重程度等级		
		低	中	高
高速公路	120	三级（A、Am）	四级（SB、SBm）	六级（SS、SSm）
	100、80			五级（SA、SAm）
一级公路	60	二级（B、Bm）	三级（A、Am）	四级（SB、SBm）
二级公路	80、60		三级（A）	
三级公路、四级公路	40	一级（C）	二级（B）	三级（A）
	30、20		一级（C）	二级（B）

注：1. 括号内为护栏防护等级的代码。
　　2. 各级护栏防护能量：六级，520kJ；五级，400kJ；四级，280kJ；三级，160kJ；二级，70kJ；一级，40kJ。

（3）护栏最小结构长度

护栏最小结构长度由两方面决定：①根据车辆驶出路外的轨迹和计算净区宽度内障碍物的位置、宽度确定需要的长度；②护栏发挥整体作用的最小结构长度应符合表 6-2 的规定。相邻两段护栏的间距小于护栏最小结构长度时宜连续设置。

表 6-2 护栏最小结构长度

公路等级	护栏类型	最小长度/m
高速公路、一级公路	混凝土护栏	36
	波形梁护栏	70
	缆索护栏	300

4. 中央分隔带护栏的设置原则

中央分隔带护栏是为防止车辆越过中央分隔带闯入对向车行道而设置的。因为横越中央分隔带的事故一旦发生，其后果是非常严重的。中央分隔带的宽度是设置中央分隔带护栏的重要依据，比较宽的中央分隔带，车辆横越的概率也相对低。

1）当整体式断面中间带宽度小于或等于 12m 时，必须设置中央分隔带护栏；大于 12m 时，应分路段确定是否设置中央分隔带护栏。

2）高速公路的中央分隔带开口必须设置中央分隔带开口护栏。

3）作为次要干线的一级公路在禁止车辆掉头的中央分隔带开口处可设置中央分隔带开口护栏。

5. 桥梁护栏的设置原则

桥梁护栏设置应遵循下列原则：

1）各等级公路桥梁必须设置路侧护栏。

2）高速公路、作为次要干线的一级公路桥梁必须设置中央分隔带护栏。

3）设计速度小于或等于 60km/h 的公路桥梁设置人行道（自行车道）时，可通过路缘石将人行道（自行车道）和车行道进行分离；设计速度大于 60km/h 的公路桥梁设置人行道（自行车道）时，应通过桥梁护栏将人行道（自行车道）与车行道进行隔离。

4）应根据车辆驶出桥外或进入对向车行道可能造成的事故严重程度等级，按表 6-3 的规定选取桥梁护栏的防护等级。

表 6-3　桥梁护栏防护等级的选取

公路等级	设计速度 /（km/h）	车辆驶出桥外或进入对向车行道的事故严重程度等级	
		高：跨越公路、铁路或水源一级保护区等路段的桥梁	中：其他桥梁
高速公路	120	六级（SS、SSm）	五级（SA、SAm）
	100、80	五级（SA、SAm）	四级（SB、SBm）
一级公路	60	四级（SB、SBm）	三级（A、Am）
二级公路	80、60	四级（SB）	三级（A）
三级公路	40、30	三级（A）	二级（B）
四级公路	20		

6. 护栏防护等级的选择

桥梁护栏防护等级的选取，主要从公路等级和设计速度、桥梁护栏外侧的危险物特征等方面加以考虑：

（1）公路等级和设计速度

设置桥梁护栏时，原则上需要根据公路等级和设计速度并结合交通量、运行速度和投资费用等因素选择相应防护等级的桥梁护栏。

一般情况下，较低的防护等级适用于服务水平较低或某些类型的施工区。较高的防护等级适用于服务水平较高或需要特别高性能的桥梁护栏，如跨越国家高速公路网、高速铁路和城市饮用水源地的桥梁。

使用经验表明，六级（SS）能满足大多数国家高速公路网桥梁护栏设计的需要，大型车辆混入率高、桥下净空高等危险性较高的特殊路段，需要在这些路段设置防护等级更高的桥梁护栏，如七级（HB）、八级（HA）适用于主流车型为高重心的特大型客车（25t）、大型货车（40t、55t）的运营需求，或者车辆翻车冲断护栏将导致极为严重后果的桥梁路段。

（2）桥梁护栏外侧的危险物特征

桥梁邻近（平行）或跨越公路、铁路，车辆越出有可能发生二次事故时，或穿越饮用水源地一级保护区等特殊路段的桥梁，需要在这些路段设置更高防护等级的桥梁护栏。

不利的现场条件还包括较小的曲线半径、位于曲线路段的陡坡、横向坡度发生变化或沿线气象条件恶劣等情况。

6.1.2　隔离设施

隔离设施又可称为隔离栅，它是随着修建全封闭、全立交的高速公路出现的，是为了阻止行人、动物误入高速公路，防止非法占用公路用地的基础设施。它可有效地排除横向干扰，避免由此产生的交通延误或交通事故，保障高速公路效益的发挥。

我国对隔离栅的结构、分类、防腐处理、施工安装、质量要求和验收等项目已在有关规范中做了详细规定，隔离栅的产品标准也已颁布，这将使隔离栅的制作走向规范化。

1. 隔离设施的分类

1）按构造形式分类，可分为钢板网、编织网、电焊网、刺钢丝网、常青绿篱和隔离墙等。常青绿篱在南方地区与刺钢丝网配合使用，具有降噪、美化路容和节约投资的功效。

2）按立柱断面形式分类，可分为直缝焊接钢管立柱隔离栅、型钢立柱隔离栅、Y 形立柱隔离栅及混凝土立柱隔离栅等。

3）按防腐形式分类，可分为热浸镀锌隔离栅、热浸镀铝隔离栅、浸（涂）塑隔离栅。

4）按安装方法分类，可分为整网连续安装和分片式（组合式）安装。

2. 隔离栅的设置原则

隔离栅的高度不宜低于 1.5m；在动物身高不超过 50cm 等人烟稀少的荒漠地区，经分析论证后隔离栅高度可降低 10~20cm。靠近城镇区域的隔离栅高度不宜低于 1.8m。隔离栅的材料和结构形式应适应当地的气候和环境特点。

1）除特殊路段外，高速公路、控制出入的一级公路沿线两侧原则上均应连续设置隔离栅。凡符合下列条件之一的路段，可不设隔离栅：

① 路侧有水面宽度超过 6m 且深度超过 1.5m 的水渠、池塘、湖泊等天然屏障的路段。

② 高度大于 1.5m 的路肩挡土墙或砌石等陡坎的填方路段。

③ 桥梁、隧道等构造物，除桥头、洞口需与路基隔离栅连接以外的路段。

④ 挖方高度超过 20m 且坡度大于 70°的路段。

2）隔离栅遇桥梁、通道、车行和人行涵洞时，应在桥头锥坡或端墙处进行围封。

3）隔离栅遇跨径小于 2m 的涵洞时可直接跨越，跨越处应进行围封。

4）隔离栅的中心线可沿公路用地范围界限以内 20~50cm 处设置。

5）在进出高速公路、需要控制出入的一级公路的适当位置可设置便于开启的隔离栅活动门。

6）高速公路、需要控制出入的一级公路在行人、动物无法误入分离式路基内侧中间区域时，可仅在分离式路基外侧设置隔离栅；在行人、动物可误入分离式路基内侧中间区域的条件下，应在分离式路基内侧需要的位置设置隔离栅。

7）隔离栅的网孔尺寸可根据公路沿线动物的体型进行选择，网孔尺寸包括75mm×75mm、100mm×50mm 和 150mm×75mm 等，最小网孔尺寸不宜小于 50mm×50mm。

8）隔离栅要保证风荷载下自身的强度和刚度，不承担防撞的功能，因此要根据项目所在地区的风压进行隔离栅结构的设计。

3. 隔离栅的形式选择

1）下列路段的隔离栅可选择钢板网、编织网、电焊网的形式：靠近城镇人口稠密地区的路段；沿线经过风景区、旅游区、著名地点等的路段；互通式立体交叉、服务区、停车区、管理养护机构两侧。

2）下列路段可选择刺钢丝网的形式：人口稀少的路段；公路预留地；跨越沟渠而需要封闭的路段。

3）金属网隔离栅可与常绿小乔木或灌木配合使用。

4）根据需要和当地条件可采用常青绿篱和隔离墙等其他形式的隔离墙。

6.1.3　防眩设施

汽车前照灯产生的眩光是危害公路夜间行车的主要因素，它使驾驶人的视觉性能受到伤害，获得信息的质量显著降低，并容易产生紧张与疲劳，是发生交通事故的潜在因素。尤其在高速公路上，由于车速很高，夜间对向车前照灯对驾驶人的眩目和视距的影响会更加严重。目前解决汽车前照灯眩光问题的行之有效而又经济可行的方法是在高速公路上设置防眩设施。

防眩设施既要有效地遮挡对向车辆前照灯的眩光，也要满足横向通视好、能看到斜前方，并对驾驶人心理影响小的要求。如采用完全遮光，反而缩小了驾驶人的视野，影响巡逻管理车辆对对向车行道的通视，且对驾驶行车有压迫感。防眩设施一般采用部分遮光的原理，允许部分车灯光穿过防眩设施，但透光量不能使驾驶人感到不舒适。

1. 防眩设施的分类

防眩设施按构造可分为防眩板、防眩网、植物防眩三种形式。

2. 防眩设施的设置原则

1）高速公路凡符合下列条件之一者，宜设置防眩设施：①中央分隔带宽度小于 9m 的路段；②夜间交通量较大，且设计交通量中，大型货车和大型客车自然交通量之和所占比例大于或等于 15% 的路段，服务水平达到二级以上的路段；③设置超高的圆曲线路段；④凹形竖曲线半径等于或接近于现行《公路工程技术标准》（JTG B01—2020）规定的最小半径值的路段；⑤公路路基横断面为分离式断面，上下行车行道高差小于或等于 2m 时；⑥与相邻公路或交叉公路有严重眩光影响的路段；⑦连拱隧道进出口附近。

2）非控制出入的一级公路平面交叉、中央分隔带开口两侧各 100m（设计速度 80km/h）或 60m（设计速度 60km/h）范围内可逐渐降低防眩设施的高度，由正常高度逐步过渡到开口处的 0 高度，否则不应设置防眩设施。穿村镇路段不宜设置防眩设施。

3）在干旱地区，中央分隔带宽度小于 3m 的路段不宜采用植树防眩。

4）公路沿线有连续照明设施的路段，可不设置防眩设施。

5）防眩设施连续设置时，应符合下列规定：

① 应避免在两段防眩设施中间留有短距离间隙。

② 各结构段应相互独立，每一结构段的长度不宜大于 12m。

③ 结构形式、设置高度、设置位置发生变化时应设置渐变过渡段，过渡段长度以 50m 为宜。

3. 防眩设施的形式与选择

植物防眩与防眩板是我国高速公路防眩的两种基本形式。

（1）植物防眩

中央分隔带的宽度满足植树需要时，可采用植物作为防眩设施。一般用整形式栽植，间距 6m（种 3 株，树冠宽 1.2m）或 2m（种 1 株，树冠宽 0.6m），树高 1.5m。灌木丛也具有遮光防眩作用。

试验显示，树距 1.7m 时遮光效果良好，无眩光感；树距 2.5m 时有瞬间眩光。所以完全植树时，间距以小于 2m，树干直径以大于 20cm 为宜。分隔带绿化为整形式侧柏、刺柏、黄杨等绿篱时，防眩效果良好。绿篱高度可视车种而异。在植树间距大时，也可在树间植常青绿篱，或设防眩栅、防眩网等防眩设施。

（2）防眩板

防眩板的设置主要有三种情况：一是防眩板单独设置；二是防眩板设置在波形梁护栏的横梁上；三是防眩板设置在混凝土护栏上。防眩设施设置在高速公路的中央分隔带上，最好与护栏、隔离封闭设施配合使用，既可节省投资，又可防止行人在公路上随意横穿而使驾驶人行车紧张。

防眩板设置在中央分隔带上，免不了要遭受失控车辆的冲撞而损坏。为减轻损坏的严重程度，设计时应每隔一定距离使前后相互分离，这样做有利于加工制作和运输安装，从防止温度应力破坏的角度来说也是必要的，防眩板每一独立段的尺度可与护栏的设置间距相协调，选择 4m、6m、8m、12m 或稍长一些都是可以的。

防眩板这种形式的主要优点是对风阻挡小，不易引起积雪，美观经济，对驾驶人心理影响小。只要防眩板能满足一般构造上的要求，就足以抵抗风力的破坏，所以一般可不对其进行力学计算，而只要满足构造上的要求即可。但在经常遭受台风袭击的沿海地区和常年风力较大、风可能刮倒树木或破坏道路设施的地区，防眩板单独埋设基础时，在设计上应对防眩板的连接部件或基础进行抗倾覆力等力学验算。

6.1.4 视线诱导设施

视线诱导设施是指示公路线性轮廓及行车方向的设施，主要包括轮廓标、分合流诱导标、线形诱导标、隧道轮廓带、示警桩、示警墩、道口标柱等。光照不足时这些设施为驾驶人提供道路线形轮廓的指示，诱导交通流的交汇运行，指示或警告前方行驶方向的改变，对提高行驶的安全性和舒适性有重要作用。

1. 视线诱导设施的分类

视线诱导设施按其功能可分为：轮廓标，分合流诱导标，指示性和警告性线形诱导标以及凸起路标四大类。

1）轮廓标：以指示道路线形轮廓为主要目标。

2）分合流诱导标：以指示交通流分、合为主要目标。

3）线形诱导标：以指示和警告车辆驾驶人改变行驶方向为主要目标。

4）凸起路标：以辅助和加强标线作用、保证行车安全、提高道路服务质量为主要目标。

2. 视线诱导设施的设置原则

（1）轮廓标的设置原则

高速公路的主线及其互通式立体交叉、服务区、停车区等处的进出匝道应全线连续设置轮廓标。轮廓标在公路前进方向左、右侧对称设置。直线路段设置间距不应超过 50m，曲线路段和匝道处设置间隔不应大于表 6-4 的规定。公路路基宽度、车道数量有变化的路段及竖曲线路段，可适当加密轮廓标的间隔。

表 6-4　曲线路段、匝道处轮廓标的设置间隔

曲线半径/m	≤89	90~179	180~274	275~374	375~999	1000~1999	≥2000
设置间隔/m	8	12	16	20	30	40	50

安装轮廓标时，反射体应面向交通流，其表面法线应与公路中心线成0°~25°的角度。

设置于隧道检修道上的轮廓标应保持同一高度，设置于其他位置的轮廓标反射器中心线距地面高度宜为60~75cm。有特殊需要时，经论证可以采用其他高度。

（2）分合流诱导标的设置原则

在互通式立体交叉的进、出口附近和有交通分、合流的地方，应设置诱导驾驶人视线、注意匝道交织运行的分流诱导标和合流诱导标。分流诱导标设在分流点前方适当地点；合流诱导标设在合流点前方适当地点。

（3）线形诱导标的设置原则

指示性诱导标应设置在主曲线半径较小或通视条件较差、对行车安全不利的曲线外侧。

警告性诱导标应设置在高速公路局部施工或维修作业等需要临时改变行车方向的路段。

线形诱导标至少要在150m远处能看见，其设置间距保证驾驶人至少能看见3块诱导标或能辨明前方进入弯道运行。曲线半径较小的匝道上，驾驶人应连续看到不少于3块线形诱导标。

（4）凸起路标的设置原则

凸起路标可设置在高速公路主线上，用来标记车道分界线、边缘线，也可用来标记弯道、进出口匝道、导流标线、车行道变窄、路面障碍物危险路段。对于多雪地区，高速公路某些路段可能积雪，这样普通凸起路标便会影响铲雪机的正常工作。为此，可增加轮廓标的数量予以弥补。

6.1.5　交通标志

道路交通标志和标线是传递规范化信息并用以管理和疏导交通的重要设施，对提高道路通行能力、改善车流行驶条件、减少交通事故、保护车辆和人身安全具有十分重要的作用。道路交通标志是以颜色、形状、字符、图形等向道路使用者传递信息，用于管理交通的设施。交通标志应结合道路

高速公路交通
标志与标线

及交通情况设置，通过交通标志提供准确及时的信息和引导，使道路使用者顺利快捷地抵达目的地，促进交通畅通和行车安全。

1. 交通标志的分类

交通标志按其作用分为主标志和辅助标志两大类。

（1）主标志

按照含义的不同，主标志可分为以下七类：

警告标志：警告车辆、行人注意道路交通的标志。

禁令标志：禁止或限制车辆、行人交通行为的标志。

指示标志：指示车辆、行人应遵循的标志。

指路标志：传递道路方向、地点、距离信息的标志。

旅游区标志：提供旅游景点方向、距离的标志。

作业区标志：告知道路作业区通行的标志。

告示标志：告知路外设施、安全行驶信息及其他信息的标志。

（2）辅助标志

辅助标志是附设于主标志下方，起辅助说明作用的标志。辅助标志为长方形、白色底黑字黑边框，可分为表示车辆种类、表示时间、表示区域或距离、表示禁令或警告理由等四种，它不能单独设立。

2. 标志设置基本要求

1）交通标志的设置应综合考虑、布局合理，防止出现信息不足或过载的现象。信息应连续，重要的信息宜重复显示。

2）交通标志一般情况下应设置在道路行进方向右侧或行车道上方，也可根据具体情况设置在左侧，或左右两侧同时设置。

3）为保证视认性，同一地点需要设置两个以上标志时，可安装在一个支撑结构上，但最多不应超过四个；分开设置的标志，应先满足禁令、指示和警告标志的设置空间。

4）原则上要避免不同种类的标志并设。解除限制速度标志、解除禁止超车标志、路口优先通行标志、会车先行标志、会车让行标志、停车让行标志、减速让行标志应单独设置；如条件受限制无法单独设置时，一个支撑结构上最多不应超过两种标志。标志板在一个支撑结构上并设时，应按禁令、指示、警告的顺序，先上后下、先左后右顺序排列。

5）警告标志不宜多设。同一地点需要设置两个以上警告标志时，原则上只设置其中最需要的一个。

3. 交通标志的颜色

标志的视角清晰度与它的颜色和背景的对比度有很大关系。颜色可分为彩色和非彩色两类。黑、白色系列称为非彩色，黑、白色系列以外的各种颜色为彩色。不同颜色有不同光学特性，如对比性、远近性、视认性等。

4. 交通标志的形状

标志的形状、颜色应易于驾驶人识别，以便快速辨别并提前做好行车准备，这样才能充分发挥交通标志的作用。

对交通标志形状视认性进行研究发现，具有同等面积的不同形状的标志，其视认性是不同的。通常在同等面积条件下，三角形的辨认效果最好，其次是菱形、正方形、圆形、六角形、八角形等。在决定道路交通标志的形状时，除考虑其形状对视认性的影响外，还要考虑标志牌的可应用面积的大小（即可容纳的信息量多少）及过去的使用习惯等因素。

5. 交通标志的字符

道路交通标志的字符应规范、正确、工整。按从左至右、从上至下顺序排列。一般一个地名不写成两行或两列。

根据需要，可并用汉字和其他文字。标志上的汉字应使用规范汉字，除有特殊规定之外，汉字应排在其他文字上方。

如果标志上使用英文，地名用汉语拼音，第一个字母大写，其余小写；专业名称用英文，第一个字母大写，其余小写，根据需要也可全部大写。

指路标志的阿拉伯数字和其他文字的高度应根据汉字高度确定。在特殊情况下，由于具体原因不能满足要求时，经论证字符高度最小不应低于规定值的0.8 倍。

6. 交通标志的支撑方式

交通标志的支撑方式有柱式、悬臂式、门架式和附着式。交通标志的支撑方式应根据交通量、车型构成、车道数、沿线构造物分布、风荷载大小以及路侧条件等因素综合确定。

（1）柱式

柱式一般有单柱式和多柱式。单柱式标志板是安装在一根立柱上，适用于中小型尺寸的警告、禁令、指示标志和小型指路标志；多柱式标志板是安装在两根及两根以上立柱上，适用于长方形的指示或指路标志。

柱式支撑时标志内边缘不应侵入道路建筑限界，一般距车行道或人行道的外侧边缘或土路肩不小于 25cm。

标志板下缘距路面的高度一般为 150~250cm。

（2）悬臂式

悬臂式是指标志板安装于悬臂上，如图 6-2 所示。标志下缘离地面的高度应大于该道路规定的净空高度。悬臂式适用于以下情况：①柱式安装有困难；②道路较宽、交通量较大、外侧车道大型车辆阻挡内侧车道小型车辆视线；③视距或视线受限制；④景观上有要求。

（3）门架式

门架式是指标志板安装在门架上，如图 6-3 所示。标志下缘离地面的高度应大于该道路规定的净空高度。

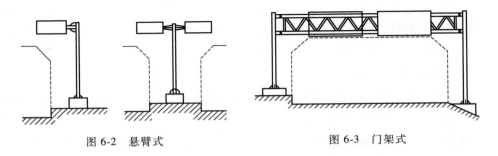

图 6-2　悬臂式　　　　　　　　图 6-3　门架式

门架式适用于以下情况：①多车道道路（同向三车道以上）需要分别指示各车道去向；②交通量较大、外侧车道大型车辆阻挡内侧车道小型车辆视线；③交通流在较高运行速度下发生交织、分流和合流的路段，如互通式立交间隔距离较近标志设置较密处、高速公路与高速公路相交的互通立交主线区域等；④受空间限制，柱式、悬臂式安装有困难；⑤出口匝道在行车方向的左侧；⑥景观上有要求。

（4）附着式

附着式标志附着安装在上跨桥和附近构造物上。按附着板面所处位置不同可分为车行道上方附着式、路侧附着式两种。附着式标志的安装高度应符合柱式和门架式的规定。

6.1.6　交通标线

交通标线是由标画于路面上的各种线条、箭头、文字、立面标记、凸起路标和轮廓标等所构成的一种交通安全措施。它的作用是管制和引导交通，可以与标志配合使用，也可单独使用。高速公路应设置反光标线。

1. 标线的分类

（1）按设置方式分类

1）纵向标线：沿高速公路行车方向设置的标线。

2）横向标线：垂直于高速公路行车方向设置的标线。

3）其他标线：字符标记或其他形式标线。

（2）按功能分类

1）指示标线：指示高速公路行车道、行车方向、路面边缘等设施的标线。

2）禁止标线：告示高速公路交通的遵行、禁止、限制等规定的标线。

3）警告标线：促使车辆驾驶人提高警觉，准备防范应变措施的标线。

（3）按形态分类：

1）线条，标画于路面、缘石或立面上的实线或虚线。

2）字符标记，标画于路面上的文字、数字及各种图形符号。

2. 标线设置原则

1）高速公路的一般路段应设置车行道边缘线、车行道分界线。车行道边缘线应设置于公路两侧紧靠车行道的硬路肩内，不得侵入车行道内；车行道分界线应设置于同向行驶的车行道分界处。车行道边缘线的宽度应为 15～20cm，车行道分界线的宽度应为 10～15cm，交通标线的宽度应根据公路的设计速度和路面宽度确定。

2）经常出现强侧向风的特大桥梁路段、宽度窄于路基的隧道路段、急弯陡坡路段、车行道宽度渐变路段，应设置禁止变换车道线，线宽与车行道分界线一致。

3）路面文字标记应按由近到远的顺序排列，字数不宜超过 3 个，设置规格应符合规定。最高限速值应按一个文字处理。

4）位于中央分隔带或路侧安全净区内未加护栏防护的桥墩、隧道洞口、交通标志立柱等构造物应设置立面标记，颜色为黄黑相间，线宽及间距均为 15cm。立面标记应向车行道方向以 45°角倾斜。立面标记宜设置为 120cm 高。

5）需要车辆减速或提醒驾驶人注意安全行车处，可根据需要设置减速标线。

6）互通式立体交叉、服务区、停车区出入口交通标线应根据互通式立体交叉、服务区、停车区的形式，准确反映交通流的行驶方向。互通式立体交叉出入口处，宜设置导向箭头。出口导向箭头应以减速车道渐变点为基准点，间距50m。入口导向箭头应以加速车道起点为基准点，视加速车道长度而定，可设三组或两组。

7）收费广场入口端应设置减速标线、收费岛路面标线、岛头标线，各条减速标线的设置间距应根据驶入速度、广场长度经计算确定。收费广场出口端可设置部分车行道分界线。

8）凸起路标的设置。高速公路的车行道边缘线上和互通式立体交叉匝道出入口路段，应在路面标线的一侧设置凸起路标，并不得侵入车行道；隧道的车行道分界线上宜设置凸起路标；凸起路标可单独设置成车行道边缘线和车行道分界线；凸起路标的壳体颜色、设置位置、间距应符合规范规定。

6.1.7 照明设施

设置高速公路照明系统，可以使车辆在夜间行驶时驾驶人能够看清前方道路形状、周围交通情况，并能够及时认清前方障碍及各类标志等，从而将良好的视觉信息传递给道路使用者。设置高速公路照明系统可改善夜间行车条件，达到提高通行能力、减少交通事故的目的。合理的照明设计还能够提高交通诱导性，具有美化环境和改善景观的作用。

高速公路照明可分为四类：路段照明、立体交叉广场照明、桥梁照明和隧道照明。高速公路照明应满足亮度、照度、眩光限制及诱导性四项指标的要求，同时满足高速公路特殊部位和相关场所的照明标准推荐值。

1. 路段照明方式

路段照明方式采用常规照明，即在灯杆上安装 1~2 盏路灯，沿道路两侧或在中间带上布置，灯杆高度通常为 12~13m。

1）路段常规照明的基本形式包括交错布置、对称布置和中心对称布置三种基本形式。

2）灯具安装基本要求首先必须明确杆柱照明的位置与道路的关系。为了达到路面亮度分布均匀，对不同类型配光的灯具安装时采用不同的配置方式，将其安装高度（h）、灯的安装间距（S）、道路宽度（w）的比率限制在一定范围之内。

3）曲线路段布灯。曲率半径大于或等于 1000m 的曲线路段，其照明灯杆可按直线路段设置；曲率半径小于或等于 1000m 的路段，灯具布置应在弯道的外侧。为了得到较均匀的路面亮度，需要适当减小灯的安装间距，一般为直线段的 50%~75%，灯具的外伸部分也应缩短。

转弯处的灯具不应安装在直线路段的延长线上，以免驾驶人误认为是道路向前延伸而发生事故。

急转弯处安装的灯具应能给车辆、缘石、护栏及周围环境提供充足照明。曲线路段发生视线障碍时，可在曲线外增设照明灯杆。

2. 立体交叉广场照明

立体交叉广场的照明是为了创造良好的视觉环境，保证交通安全，同时形成夜间景观效果。合理的照明设计，不仅能确保夜间行车的便利和安全，起着诱导交通的作用，还能强化立体交叉的感染力，烘托、辉映出建筑造型的艺术效果，增强其现代化的氛围。立体交叉广场照明要求照明范围大、光学诱导性强及眩光控制好。

（1）照明布置方式

1）单侧布置。如果桥面不宽，属于单向行车时（如匝道桥），在一侧布置路灯。优点是诱导性好、造价低。

2）双侧交错布置。亮度总均匀度要比单侧布置好，但纵向要差一些，适用于桥面较宽的立体交叉桥上。

3）双侧对称布置。纵向均匀度和诱导性比双侧交错布置好，适用于桥面较宽的立体交叉桥上。

4）中心对称布置。照明灯布置在中央分隔带上，比两侧布置经济，且可获得良好的视觉诱导性。

（2）照明方式选择

照明方式选择主要从使用需要和总体美观方面考虑，灯型要与立体交叉结构形式相协调。常规照明方式为一只或两只灯具安装在适当高度的灯杆上，按一定间距有规律连续布置在桥梁一侧或两侧的照明方式，一般多采用简单流畅的悬挑式和挂托式。

3. 桥梁照明系统

桥梁照明的目的是使桥下频繁往来的船只避免不利光线的干扰，并且能够确保道路交通所必需的路面照明特性。

1）一般大桥照明设计标准与道路照明基本一致，但是桥梁照明亮度应高出与其相连接的进出口主线道路。

2）对于桥下有通航要求的桥梁，其照度除了要满足大桥桥面的照明要求外，还要注意桥上设置的照明设施可能对过往船舶行驶造成的不利影响。因此，对照明器、配光及安装等要慎重考虑。

为了使水上船只能够及时发现由桥梁造成的障碍，还应在桥梁下部设置照明设施，以便使航行船舶能够准确辨认前方桥墩位置和通航净空，采取有效的安全通行措施。另外，有较高桥头柱或塔的大桥还应考虑其可能对空中飞机航行造成的不利影响。

3）对位于特殊地理位置的具有重大意义和观赏价值的大型桥梁，除了考虑行车安全需要的正常照明外，还需要设置供夜间观赏的立面照明，从而产生较强的艺术效果。

4）在桥面出现较陡坡度时，桥面高度和与其连接的道路高差相差比较大，或为了突出大桥造型而采用一些装饰照明的情况下，桥梁照明要限制眩光。一是避免给桥上驾驶人照成眩光；二是避免对与其相连接或邻近的道路上的驾驶人造成眩光；三是当桥下有船只通航时，要避免给船上的领航员造成眩光。为此，必要时应采用严格控光灯具（有时在灯具内装上专用的挡光板或格栅），不得使用对船舶航行等水上交通及渔业活动造成不利影响的照明设施。

5）不宜采用栏杆照明方式，这是因为对驾驶人造成的眩光不易限制，只是在桥面很窄、对照明要求不高（如只起导向作用）或常规照明方式接受不了的特殊情况下才可采用。

4. 隧道照明系统

（1）隧道照明的特点

驾驶人在白天从明亮的自然环境接近、进入和通过公路隧道的过程中，会发生特殊的视觉问题：

首先由于隧道内外亮度差别很大，如汽车按常规匀速前进，则驾驶人在进入隧道口的瞬间会产生什么也看不见的现象——黑洞现象。

进入隧道以后，由于视觉不能迅速适应，驾驶人要经过一定时间（3s以上）才能看清前面的情况，而这一视觉的滞后现象对于行驶的汽车来说是十分危险的。

在隧道出口处，由于隧道内照明和出口后的照明相差很大，白天，外面亮度很高，驾驶人出了隧道口，感到强烈的眩光；夜间，驾驶人驶出隧道口看见的是一个黑洞，无法辨认公路的线形，也无法发现障碍物。由于隧道照明情况既复杂又特殊，照明技术相应采取的措施也较多。

（2）隧道照明措施及照明标准

1）洞外采取专用减光措施。明亮的日光下，亮度可达 8000cd/m，显然亮度过高，因此，需要在洞口外进行适当的处理，如在接近入口地段设置遮光棚、铺设黑色路面及植树或铺植草坪等，借以降低此段的天然亮度，并使路面的亮度与洞口亮度相适应。遮光处理是解决入口照度突变造成的视觉不适应的方法之一，可以减小缓和照明的安装功率。遮光的原则是使接近入口的光线能够变得较弱，遮光距离一般不小于 50m。遮光棚在国外常用，但其建筑费用较高。用栽树的方法来代替遮光棚较为经济，同样也能收到较好的效果。无论隧道洞口外是否采用遮光处理，在入口段墙面和路面上都应使用反射率较高的浅色建筑材料。

2）分段设置不同亮度。为减小洞外和洞内的亮度变化率，隧道照明一般应划分为入口段、基本段、出口段等多个功能区段，各段的长度和亮度的高低随设计速度及洞外亮度等因素而变化。

具体方法为在出口段两侧植树遮光和设置遮光棚，以降低白天自然光的强度，同时在出口段两侧布置路灯，提供晚上道路照明，避免出口段的黑洞现象。

（3）应急照明

隧道照明由于突然停电或其他原因而熄灭，在灭灯最初数秒内是最危险的。此时，如果某一辆汽车突然减速，而后面其他车辆仍以原速度继续行驶，在这种亮度突然降低的情况下汽车速度突然变化会带来危险。但在几秒钟后汽车前灯开启，驾驶人慢慢适应环境，危险才能消除。

因此，事故照明在停电后数秒开启是不能满足要求的，应有两个以上独立电源供电，应急照明应有另外的独立供电系统。备用电源在主电源停电后能自动投入使用，并持续 3min 以上。应急照明的照度一般应为正常照明的 1/5 以上，对于长时间停电，则希望设置诱导照明，此时应在隧道内壁等间隔布灯，以指明隧道内壁位置及进出方向。

6.2 高速公路的服务设施

高速公路服务区是指专门为乘客和驾驶人停留休息的场所。高速公路服务设施包括服务区（停车场、加油站、汽车维修站、休息室、小卖部、餐厅、卫生间等）、停车区（停车场、电话亭）、辅助设计（养路站、园地）和公共汽车停车站等。

6.2.1 服务区

1. 服务区的基本形式

服务区的基本形式随其主要设施如停车场、加油站、卫生间及餐厅的布置位置不同而有所不同。

1）根据停车场的位置划分，有分离式和集中式两种。

① 分离式。上、下行车道停车场分别布置在高速公路两侧。

② 集中式。上、下行车道停车场集中布置在高速公路一侧。

由于高速公路上、下行车道有中央分隔带，两侧行驶的车辆都要使用停车场，所以分离式服务区更便于停车，车辆可直接开到停车场，不必绕到对面停车场去。同时，在高速公路上采用分离式服务区，还可以防止驾驶人互相交换通行卡和收费票据等作弊现象。所以，一般高速公路都采用分离式服务区。

2）根据餐厅的位置划分，有外向型、内向型和平行型三种。

3）根据加油站的位置划分，有入口型、出口型和中间型三种。

2. 服务区内各种服务设施的布置原则

1）为车辆服务的设施（如加油站、汽车维修站、停车场等）与为人服务的设施（如餐厅、旅社、商店、小卖部、公共卫生间等），原则上应单独、分开设置，尽量避免车流与人流交叉，为人员休息提供更安全的场所。

2）关于汽车维修站的位置。具体如下：

① 一般认为汽车维修站应与加油站并排布置。这样的布置便于共用通信设备、浴室、盥洗室及室外场地，提高设备和场地的利用率。但是一定要注意按照消防规范进行设计。

② 汽车维修站与加油站分开布置。根据使用的经验，认为维修站设在进口、加油站设在出口为好。也就是驾驶人进入服务区后先维修车辆，然后休息，临走时再去加油。这样的设置为使用者提供便利，而且较安全，也不用采取特殊的消防措施。

3）综合服务楼：餐厅、旅社、商店、小卖部、办公用房等宜设在同一栋综合服务楼内，应尽量远离公路设置，以方便驾乘人员及其他旅客休息、放松，减少人流和车流的交叉，提高安全性。

4）公共卫生间宜靠近大型车辆停车场，便于大批旅客使用。卫生间同时要靠近餐厅、旅社和商店，便于服务设施的集中使用，减少架乘人员及其他在场中的穿梭，提高安全因素。卫生间设计要考虑厕位数和男女厕位比例，保证两辆大客车同时到达时驾乘人员如厕不必排队等候。如服务区规模大，则可分设几处。

5）其他如给水排水设施、供电设施、垃圾处理设施等，应尽量设在较隐蔽的地方。通常服务区单侧设置一个污水处理间，两侧服务区产生的污水集中通过专门的污水处理设备处理后对外进行排放，注意将生活污水和洗车污水分别处理。

3. 服务区规模和间距

决定服务区、停车场规模的基本要素是停车车位数，并以此为基础，计算出服务区中其他各种设施的规模。服务区的总体规模由停车场、加油站、卫生间、休息区、小卖部、餐厅、汽车维修站、绿地、广场等要素的面积组成，停车车位数一般根据主线交通量与服务区规模考虑分期修建。对于一些绿地和广场类设施，应按其他的条件来确定其适当的规模，如考虑占用土地的难易及经济性等。

高速公路的服务区之间的平均距离不应大于 50km，最大距离不应大于 60km。一般高速服务区的间距在 50km 左右，城市周边的服务区会比较密集。如繁华地区高速服务区的间距一般在 30~40km，偏远地区不会超过 60km。

6.2.2　停车区

停车区是为满足驾驶人的生理要求，并解除疲劳和紧张所需要的最小限度的服务设施。停车区内设置公共卫生间、长凳等设施和少量停车车位。一般在停车区内不设加油站，但是当服务区的间隔长或由于其他特殊条件而必需时，可以设置。停车区与服务区或停车区的间隔宜为 15~25km。

1. 停车区的基本形式

停车区的形式原则上采用分离式外向型。但当周围为深挖方或附近的景色不佳时，最好采用内向型。停车区在规划、设计方面基本上与服务区的原则相同，并应与周围的环境、景观相协调。

2. 停车场的设计

（1）停车场的设计原则

停车场内停车车位与车道的布置，必须与设计车辆相适应，使之能够合理停放与自由进出，且能有效地使用场地。

停车场应当集中在一处，避免分散设置成许多小停车场。最好是将小型车与大型车的停车场完全分开。对于小规模的休息设施，当采用交通岛将大型车与小型车停车场严格地分开时，往往会妨碍机动、灵活地停车，而采用大、小型兼顾的方法比较有利，因此设置交通岛最好采用最小限度值。从使用状况来看，小型车的停车场应该是设置在使用休息室便利的位置上。

（2）停车场的坡度

为使所停放的车辆不滑动，在考虑停车车位的布置之后，停车场内的坡度应在规定的数值内。一般停车车辆的纵向倾斜应小于2%，横向倾斜应小于3%，另外，在进行停车场内的排水设计时，应当注意坡度的设计。

（3）停车车位的布置与车道宽度的确定

停车车位的布置与车道宽度的确定，要注意以下三个方面：

1）原则上小型车的停车方法是直角前进停车、后退出车，或后退停车、前进出车。大型车的停车方法是右斜60°前进出车。拖挂车原则上是纵列停车。但由于用地条件等原因不得已时，也可以采用其他方法。

2）车道宽度规定。如果停发车方式不同、车位倾斜角不同、车位平面尺寸不同，相应车道的宽度不同。如，小型车车位长度5m、宽度3m、车道宽度9.5m；大型车车位垂直长度12.9m，宽度3.5m，车道宽度11m。无论采用什么停发车方式，都必须保证行车道的宽度，否则将造成进出车位倒车的障碍，影响正常停车秩序。

3）身体残疾者用停车车位，原则上是一辆车位置，停车方法与小型车相同，设置的位置要靠近专用卫生间。但在不得已时，可以同一般停车场合并设置。停车车位的布置大体分为纵列停车与横列停车。前者是顺着车道的方向排列停在一侧或两侧，后者是与车道的方向成一定的角度横着停车。不论是哪一种停车车位的布置方法，车道的宽度都必须按照停车方法和停车车位的布置而保证其宽度。拖挂车的停车车位，原则上设置在贯穿车道上。

6.3 高速公路交通控制及管理系统

高速公路交通控制及管理系统包括监控系统、通信系统、收费系统、救援系统、供配电设施等。

6.3.1 监控系统

高速公路监控是对高速公路交通运行状态及其设施和交通环境的监测与控制。由现场监控站和各级监控中心组成的监控系统，是实现高速公路运行管理的主要手段。

1. 监控系统的目标

车辆行驶高速、安全、经济、舒适是高速公路交通的本质特征。然而，偶发事件如交通事故、车辆抛锚、货物散落和气候异常不可避免，如果得不到及时处理，势必造成交通堵塞甚至引发新的安全隐患。高速公路监控系统的作用就是实时监测这种异常信息，以便采取及时有效的控制措施。

高速公路监控的主要目标如下：

1）实时监测处理道路交通流和气象变化等数据，提高高速公路的运营效率和服务水平。

2）及时发现和处理安全隐患，减少交通事故，降低事故的严重性。

3）减少偶发事件、交通事故及恶劣气候对道路交通的影响。

4）当交通量达到饱和时，对交通流进行诱导和控制，以提高路网通行能力。

2. 监控系统的组成与功能

高速公路监控系统是提高高速公路现代化管理的手段之一，根据监控系统的功能要求，监控系统由信息采集子系统、信息提供子系统和监控中心三大部分组成。

（1）信息采集子系统

信息采集子系统是高速公路上设置的用来采集信息的设施和设备。

（2）信息提供子系统

信息提供子系统是高速公路上设置的用来向道路使用者提供道路交通信息和诱导控制指令的设备，以及向管理、救助部门和社会提供求助指令或道路交通信息的设施。

（3）监控中心

监控中心是介于信息采集子系统和信息提供子系统之间的中间环节，是监控系统的核心部分。它的主要职能是信息的接收、分析、判断、预测、确认，交通异常事件的处理决策、指令发布，设备运行状态的监视和控制等。监控中心通常由计算机系统、室内显示器和监控系统控制台组成。根据高速公路里程长短、道路路况和监控功能需求的不同，监控中心主要有集中式和分布式两种形式。

对于高速公路网而言，监控系统的规模和监控中心的分散程度会更大些。高速公路监控系统通过监控中心与外围的管理和服务机构紧密联系起来，使监控系统发挥作用。当高速公路发生交通事故时，除在监控系统内及时向高速公路使用者和管理人员通报信息外，还可同时利用指令电话、业务电话、无线电话通知公安交警、交通路政、医院救护等部门及时组织救援。

3. 监控系统的分类

高速公路监控系统根据所辖路段的道路状况和交通状况分为多种类型，主要有主线控制、隧道控制、匝道控制、通道控制和综合控制五大类。

（1）主线控制

主线控制是高速公路主干线的交通控制。由于保证高速公路主线交通畅通是高速公路的首要目的，因此主线控制是监控系统的基本类型。

主线控制的监控系统主要是对主线上交通异常事件的监测和应答。由于路段上交通量和通行能力的不同，在异常事件发生时，事件对交通的影响程度是不同的。在交通量不大时，主线交通畅通，即使发生异常事件，也不会发生堵塞，此时，监控系统只需一般的信息采集设备和一般的信息提供设备；当交通量增长到一定程度时，如发生交通异常，监控系统的自动感知能力和迅速应答处理能力就会减弱。因此，主线交通监控系统的规模和功能会因道路交通的具体情况不同有很大差异。一般而言，主线监控系统通过可变情报板、可变限速标志进行交通诱导、告警和控制。监控中心的主要职能是对交通异常事件的即时搜索、判断、确认和处理。

（2）隧道控制

作为高速公路主线的一部分，隧道有其特殊的照明控制、通风控制、火灾报警控制及在发生交通事故时的车道控制和交通信号控制等。因此，在隧道监控系统中除具备主线控制的监控系统所具有的外场设备外，还将增加光亮度、一氧化碳、能见度等信息采集设备和控制设备，监控中心的分析处理能力也相应有所增加。

（3）匝道控制

高速公路的出入口匝道本应是自由进出的，匝道本身并没有交通控制的需求。当高速公路的主线交通量接近饱和时，即使不发生交通异常事件，在交通高峰时段也会发生交通堵塞。这种堵塞是周期性的，持续的时间也很长，对此主线控制没有有效手段消除，只有通过上游入口匝道的交通控制来解决。在入口匝道适量限制车辆进入，减少主线交通量，有助于主线交通堵塞的消除。当然，根据主线交通流的实时监控，及时启动匝道控制，也可以使主线上本来要发生的交通堵塞得以避免。匝道控制有定周期控制、感应式控制、合流式控制、匝道关闭等多种方式。匝道控制系统设备主要有车辆检测器、交通信号控制机等。

（4）通道控制

高速公路通道是指高速公路和与其平行的相邻干线公路或城市道路的整体，这些与高速公路平行的干线公路或城市道路称为高速公路的集散道路。更多情况下，无论单纯的主线控制，还是具有匝道控制的主线控制，都不能缓解高速公路的堵塞情况，同时，高速公路的交通堵塞还波及集散道路，使整个高速公路通道的运行效益严重下降。通道控制就是针对这种情况而建立的高速公路监控系统。

通道控制是带状路网的交通控制，除了主线控制和匝道控制的功能外，主要增加了车辆的路径诱导功能，因此在监控系统中将会使用更多的可变情报板。考虑到主线交通对集散道路的影响，高速公路出口匝道的控制也是必要的。

（5）综合控制

综合控制的监控系统是更大范围的高速公路网和城市道路网的交通监控系统，其目标是寻求整个路网上的交通运行效果更佳。这类系统复杂程度更高，属于许多国家竞相研究开发的智能交通运输系统（ITS）的范畴，将在本书的最后一章详细叙述。

6.3.2　通信系统

高速公路通信系统是高速公路上传输语音、图像、数据等信息的系统。高速公路通信系统是现代化管理的支撑系统，保证高速公路管理部门之间业务联络通信的畅通，并为高速公路内部各部门与外界建立必要联系的必不可少的基础设施。

公路管理部门借助于通信系统可以及时了解和迅速处理交通事故，排除车辆故障，掌握车辆运行状况、公路修补施工情况和气象情报，以及公路隧道内的照明和通风等设施的工作状态等，并及时发出交通控制信息。

1. 通信系统的特点

1）高速公路的各级管理机构及沿线设施一般均建筑在公路两侧，沿公路呈线状分布。一般通信站都设在收费站或管理所的所在地，所以通信站的地理位置实际上在公路建设时已基本确定，即不能随意选址设站。

2）高速公路的管理体制一般采用分级管理、集中控制调度，高速公路通信网的网络结构为树形结构。此外，各级管理机构与公路沿线各地有关部门及上级机关也必须保持通信联络的畅通，因此高速公路通信系统是以内部通信为主，同时接入电信公用网。

3）在高速公路管理处、管理所、服务区、收费站、监控（分）中心等机构之间以及外场监控设备与监控（分）中心之间需进行语音、图像、数据等各类信息的传输和交换。此外，为及时处理交通事故，进行交通调度指挥，有关部门必须和巡逻车等保持通信联络，因此高速公路通信系统应该是以有线通信为主，并采用移动通信等多种通信手段的综合通信系统。

4）监控、收费和管理系统多种业务直接相关联，并且每天全天候工作，要求硬件性能稳定、软件运行有效。

5）通信网络采用分级管理体制，在高速公路各级管理部门建有同等级的通信机构，根据需要有时还要设立中继站。

6）各级通信机构职能不一，相互访问权力各异，对外通信有严格的保密性，并有良好的数据备份和有效的防护措施。

2. 通信系统的功能分析及模型

（1）通信系统的功能分析

高速公路通信系统的功能是支持高速公路管理、监控和收费等业务的传送，它是提高高速公路管理水平和安全保障功能的支撑网络。

（2）通信系统的功能模型

高速公路通信系统与管理、收费、监控等各级系统密不可分，要求有相应的监控网络与之对应，即通信系统各级机构要与管理、监控、收费系统相应级别的机构在物理上同处一地。从应用角度来讲，通信系统应作为管理、监控、收费三大系统的平台，支持其综合业务信息的传送。

3. 通信系统的通信层次

高速公路通信系统可分为三个通信层次：第一通信层长途网；第二通信层地区网；第三通信层用户网。

4. 通信系统的基本组成

高速公路通信系统主要由光纤数字传输系统、数字程控交换系统、紧急电话系统、通信电源系统、光电缆工程及通信管道工程等组成。高速公路通信系统应确保语音、数据及图像等各类信息准确而及时地传输，应该为各种先进的管理手段提供信息传输的基础。

6.3.3 收费系统

1. 高速公路收费管理模式

高速公路联网收费管理体制分为四级：省收费总中心、片区收费分中心、路段收费分中心及收费站。

相应收费计算机网络系统也分为四层，各层之间由路由器或者三层以太网交换机通过通信系统提供的 10M/100M 或 2M 通道相连，每层以以太网交换机为节点构成星形网络拓扑结构，同时各层配有功能不同的工作站和服务器等设备。

其中，车道与收费站之间组成星形结构的局域网，收费站与收费分中心之间、收费分中心与收费拆账中心之间租用专用速率 64kb/s 的 DDN 线路进行通信。

2. 高速公路收费系统硬件设施

高速公路收费系统硬件设施包括收费广场、收费车道、收费岛、收费顶棚、收费业务用房、给水排水设施、供电设施等。

（1）收费广场

收费广场的建设，原则上不应影响干线交通运行。收费广场应设置在通视良好，通风、易排水，易于运营管理和交通及生活便利的地点。收费广场应尽可能设置在平坦的直线路段。不得将收费广场设置在易超速的凹形竖曲线的底部或长下坡路段的下方。

收费广场设置应满足收费业务和管理业务的要求。一般宜在收费方案确定后，按照系统要求和工艺要求进行收费广场的规划和设计，规划布局力求合理，适应公路建设总体发展需求。主线收费广场距离特大桥、隧道应大于 1km。收费广场的设计涉及广场的布局、停车位、出入口等方面，将对高速公路收费站的运营效率和客户体验产生重要影响。收费广场必须采用钢筋混凝土路面。

（2）收费车道

收费车道是指交费车辆的通道。每条收费通道的标准宽度规定为 3.2m，条件受限制时可采用 3m，ETC 不停车收费系统车道宽度采用 3.5m。每个方向右侧最外侧通道作为超大型车及维护施工车辆的通道，其标准宽度采用 4.5m，条件受限制时可采用 4m。通道路面采用水泥混凝土路面，且在岛长范围内应采用素水泥混凝土路面结构，以利安装环行线圈车辆检测器等设备。

（3）收费岛

收费岛分为岛头、岛尾和岛身三部分，岛身的中轴线位置应与广场道路中心线重合。收费岛岛头（迎来车方向）应设计成流线形，高度在 1.2m 以下，长度不超过 9m。多雾地区一般情况下宜设置雾灯，并可设置必要的引导及防撞设施。

（4）收费顶棚

收费顶棚应采用耐腐蚀、符合环保要求的材料制作，具有足够的强度和良好的耐久性能，外形美观大方。收费亭玻璃窗应具有安全性强，隔热效果好和防霜、防凝水、防结冰的功能，保证收费员通视良好。窗玻璃必须采用钢化中空玻璃或夹胶玻璃。

（5）收费业务用房

收费业务用房包括监控室、通信机房、站长室、收费票库、财务室、进线室等。

3. 收费方式

收费方式是指收取通行费中的一系列操作过程，涉及车型的分类、通行券、通行费的计算、付款方式和停车及不停车收费等因素。通常情况下，高速公路收费方式的分类根据收费人员参与收费过程的多少，收费方式可分为人工收费、半自动收费和全自动收费三种。2019 年以前我国高速公路是以 IC 卡、磁卡为介质，采用人工收费方式为主的公路联网收费方式，但目前已经广泛普及了全自动收费系统的使用。

ETC（Electronic Toll Collection）是全自动不停车电子收费系统的简称。通过安装在车辆挡风玻璃上的车载电子标签与在收费站 ETC 车道上的微波天线之间进行的专用短程通信，利用计算机联网技术与银行进行后台结算处理，从而达到车辆通过高速公路或桥梁收费站无须停车而能交纳高速公路或桥梁费用的目的。车辆进入不停车电子收费通道入口时，公路数据采集处理系统的站级装置便读取车载装置内的车辆信息，从数据库中调出匹配车辆数据后进行放行处理，储存记录的同时上传至公路数据采集处理系统的数据管理中心。该数据管理中心对通行车辆进行分析，形成扣费交易实时上传银行，银行完成交易处理后实时返回该数据管理中心。ETC 收费系统是智能交通系统的服务功能之一，它特别适合在高速公路或交通繁忙的桥隧环境下使用。

车主只要在车辆前挡风玻璃上安装感应卡并预存费用，通过收费站时便不用人工缴费，高速通行费将从卡中自动扣除，即能够实现自动收费。这种收费系统每车收费耗时不到 2s，其收费通道的通行能力是人工收费通道的 5~10 倍。

使用 ETC 收费系统，可以使公路收费走向无纸化、无现金化管理，从根本上杜绝收费票款的流失现象，解决公路收费中的财务管理混乱问题。其次，实施全自动电子收费还可以节约基建费用和管理费用；节省收费站的占地面积；节省能源消耗，减少停车时的废气排放和对城市环境的污染；降低车辆部件损耗；减少收费人员，降低收费管理单位的管理成本；最重要的是，无须排队停车，节省出行时间，避免因停车收费而造成收费口堵塞。

截至 2020 年年底，全国范围内 ETC 使用率已超过 66%（客车 ETC 使用率超过 70%，货车 ETC 使用率超过 53%），取消所有高速公路省界收费站，高速公路出入口的收费站拥堵状况得到全面缓解；高速公路省界交通拥堵现象彻底根除，高速公路网通行效率大幅提升，物流行业明显降本增效。

6.3.4　救援系统

高速公路交通救援系统是为了及时、有效地处理各种突发性交通事件，实现快速响应和紧急救助，以达到减少人员伤亡和经济损失的目的。高速公路预警应急救援系统包括以下部分：指挥调度系统、预警发布系统、旅行时间监测系统、智能监控系统、数据传输系统、救援组织实施系统等。

相对于比较完善的高速公路收费系统而言，目前我国高速公路应急救援体系的建设比较薄弱，主要表现在以下几个方面：

（1）救援体系不完善

我国公路管理开展时间短，进行交通管理较国外晚，因此在高速公路的运营管理方面缺乏丰富的经验，在交通事故的紧急救援方面经验不足，紧急救援体系还有待完善。快速高效是救援体系的一个基本前提，如果体系不完善就容易导致救援行动的盲目，引起伤亡人员比例升高、经济损失加大。一套完善的交通救援体系要综合救援的相关因素，全方位地做好救援的预备工作，才能提高救援效率。

（2）缺乏专业人员，各部门配合不协调

这种不协调主要体现在缺少信息的有效沟通和共享上面，各部门之间信息融合度偏低。例如，各路段监控系统自成一体，信息利用率偏低、集成程度较差，各路段的通行状况，无法实现跨路段交通管制的配合联动，难以实现对车流的跨路段合理诱导。由于应急救援资源分配可能会跨越多个区段高速公路，因此高速公路应急救援系统需要打破各高速公路各自为政的局面，需要从区域的角度，统一调配资源，合理指挥调度交通，通过多部门协作，完成应急救援任务。

（3）事故监测方式存在很大的局限性

目前，在交通事故的监测方面，常规方式已经不能满足高效救援的需要，应提高检测的技术含量，通过视频系统和监视系统等其他可行手段，提高事故的检测和确认效率，以及早发现事故，及早救援。

高速公路应急救援系统对降低事故死亡率具有重要的作用，同时可以及时疏散交通阻塞，预防发生二次事故。建立一套完善的紧急救援系统已经成为公路信息化管理和智能交通发展工作中的一项重要内容。

复 习 题

1. 高速公路交通工程及沿线设施主要包括哪几部分？

2. 简述高速公路护栏的作用及类型。

3. 如何解决汽车前照灯眩光问题？

4. 公路交通标志与交通标线有什么区别？

5. 简述视线诱导标志的作用和类型。

6. 高速公路服务区的布置原则有哪些？

7. 高速公路交通控制及管理系统包括哪些设施？这些设施的功能是什么？

8. 简述高速公路监控系统的目标、组成部分及其各自功能。

7

第7章
高速公路景观设计及环境保护

　　高速公路景观是包括高速公路自身及沿线地域内自然景观和人文景观的综合体系。高速公路景观设计，就是在使高速公路满足交通功能、线形和构造物具有优美造型的同时，还要考虑使高速公路与周围环境相协调，提高其美学价值及文化价值，给驾驶人、乘客及沿线居民心理舒适感、行车安全感，并考虑动植物保护及生态平衡，使高速公路与大自然和谐地融为一体。

　　公路建设项目对环境的影响表现在对环境的污染和对自然资源的破坏，尤其是高速公路建设项目由于路基宽、构造物多、交通量大等特点，对环境的污染和对自然资源的破坏更为明显。公路环境保护的任务就是合理地保护自然资源、防止生态破坏，尽量减少公路建设对资源的破坏和对环境的污染，加强交通环境污染的治理，促进公路建设与环境协调的可持续发展。高速公路的环境保护思想应贯穿于前期总体规划、设计、施工以及后期运营、养护的各个阶段。

7.1 高速公路景观设计概念

高速公路由于设计标准高，占地多，其建设对沿线的用地形态、动植物及水土保持造成很大的影响。因此，从生态和美学上都应该重视沿线景观生态的恢复设计。目前我国对高速公路景观越来越重视，高速公路景观已成为高速公路建设的重要组成部分。另外，优美的高速公路景观不仅在美学和生态上有重要的价值，还能为使用者提供赏心悦目、舒适良好的使用体验，避免行驶过程中的单调枯燥，对安全行车具有一定的贡献。

7.1.1 高速公路景观设计的含义及内容

公路景观包括自然景观和人文景观两部分。自然景观主要是指天然形成的地形、地貌和地物，如平原、山区、草原、森林、大海、沼泽地等景物，这些景物恰恰又是单元生态系统，又称生态景观。人文景观是指人类创造出的如各种建筑物、文物古迹、交通设施、城镇、村庄等社会和文化艺术景物。

高速公路景观
设计的概念

公路景观同其他的景观有所区别，它是一个带状线性结构物，横跨不同的地域，是一个动态三维空间景观，具有韵律感和美感，道路把不同的景点结成了连续的景观序列，使人产生一种累积的强化效果，同时道路本身又成为景观的视线走廊。其景观服务的主体是驾驶员和乘客。景观设计需要风景规划、道路设计、建筑设计、历史、文学等多方面的专业知识，从形式美感、空间美感、时空美感和意境创造中去进行公路景观设计。

公路景观设计是指公路线形及其构造物要具有美观的造型，并使它与周围环境相协调，从而构成优美自然的画面。然而任何一条公路的修建，从选线、勘测设计、土石方开采到施工的整个过程中，难免对沿线自然和人文景观产生一定的影响，但应该尽量将影响降低到最小，最大限度实施保护，使各种景观和公路工程结构物达到相对协调，这是完全可以做到的。

高速公路景观设计单元涉及公路的各部分具体实物的设计，包括众多的构造物，具体有中央分隔带、边坡、立交区、收费站、服务区、桥梁和隧道等。高速公路应将构造物视为平衡道路对自然景观的影响，同时力求使构造物尤其是大型构造物成为高速公路上的人工景点。

1）互通式立交是重要的交通设施，同时也是独具个性的景点。功能统一、形式各异、绿化良好的立交，给人以气势宏伟、耳目一新的感觉。修建好一座立交桥，创建成一个景点，是高速公路立交景观设计的要求。

2）沿线桥梁等跨线跨河构造物，应强调桥型的新颖别致，并能与地形相协调。在地形特征及桥型特征不很明显的地段，应在桥梁的栏杆甚至两岸桥头建筑小品上做文章，增加视觉诱导功能，改善景观。

3）沿线过山隧道，是高速公路上景观显得比较单一的路段，在隧道的出入口设计造型别致、大方的洞门会引人入胜，洞内照明及装饰也是设计重点。

4）沿线休息服务设施的景观效果首先是体现在其自身的建筑造型及色彩设计，造型独特、个性鲜明的休息服务设施能带给长途旅行中的人们好的体验；其次是强调休息设施的选址，一般认为长时间的休息场所宜分布在林区边缘、风景名胜、历史古迹、建筑艺术遗址附近，可根据地势高低修建一些上下坡道、阶梯，形成山地休闲型场地，供疲劳的乘客赏林悦木，闲庭信步，有效地塑造高速公路的建筑艺术形象，增进景观效果。

工程实践中高速公路景观设计的内容如图7-1所示。

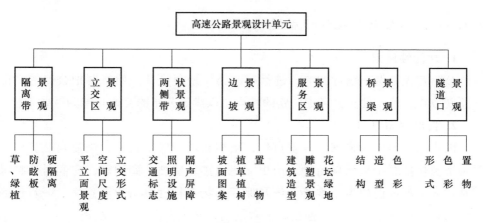

图 7-1 高速公路景观设计内容

7.1.2 高速公路景观设计特点

高速公路景观既不同于城市景观、乡村景观和园林景观，也有别于自然山水、风景名胜。它的设计特点，概括起来有以下几方面：

（1）构成要素多元性

从上述公路景观设计单元中可知，公路景观是由自然的与人工的、有机的与无机的、有形的与无形的各种复杂元素构成。在诸多元素中，高速公路景观决定了环境的性质。其他元素则处于陪衬、烘托的地位，它们可加强或削弱景观环境的氛围，影响环境的质量。

（2）时空存在多维性

从高速公路景观空间来说，它是上接蓝天、下连地势；连续延绵、无尽无休、走向不定、起伏转折的连贯性带形空间。而从时间上来说，高速公路景观既有前后相随的空间序列变化，又有季相（一年四季）、时相（一天中的早、中、晚）、位相（人与景的相对位移）和人的心理时空运动所形成的时间轴。

（3）景观评价的多主体性

任何一种景观环境都存在着褒贬不一，而高速公路景观更是如此。评价的主体不同，评价主体所处的位置、活动方式不同，评价的原则和出发点必有显著的差别。如观赏者、旅行者多从个人的体验和情感出发；经营者、投资者多从维护管理、经济效益等方面甄别；沿线居住者多从出行是否便利、生活环境是否受到影响等方面考虑；而高速公路设计者、建设者考虑更多的则是行驶的技术要求及建设的可行性。

7.1.3 高速公路景观设计原则

1. 功能性原则

公路首先是供车辆行驶的，进行高速公路景观设计，始终要把公路的功能性原则放在首位。要充分考虑公路的特点，以满足公路的交通功能为首要宗旨。

2. 自然优先原则

以生态学理论为依据，尊重自然，正视自然，保护自然，恢复自然。自然景观资源包括原始自然保留地、历史文化遗迹、植被、湖泊等，它们对保持区域基本的生态过程和生命维持系统及保存生物多样性具有重要意义，一旦遭到破坏，将难以恢复。进行高速公路景观规划，必须考虑自然景观资源。

3. 可持续原则

景观的可持续性可认为是人-景观关系的协调性在时间上的扩展，这种协调性应建立在满足人类的基本需要和维系景观生态整合性之上。景观生态整合性包括生产力、生物多样性、土壤和水源。因此在可持续发展的大背景下，高速公路景观设计也要遵循可持续的原则，把道路景观这个由多个生态系统组成的具有一定结构和功能的整体，进行多层次设计，使整个道路系统的结构、格局和比例与本区域的自然特征和经济发展相适应，谋求生态、社会、经济三大效益的协调统一与同步发展。

4. 地域性原则

高速公路少则几十公里，多则几千公里，因此穿越的地区较多，不同地区的自然景观有不同的结构、格局和生态特征，因此修建高速公路要统筹规划，分段设计，因地制宜，景观协调，注重特色，尤其是穿越少数民族地区时，要突出少数民族的文化特色。

5. 综合性原则

高速公路景观规划是一项综合性的研究工作，其综合性包括两方面含义：其一，高速公路景观规划设计的分析不是某一学科、某一专业人员能完全理解景观内在的复杂关系并做出明智规划决策的，需要多学科的专业人员协同合作，这些人员包括道路工作者、景观规划者、景观建筑师、园艺师、地质工作者、生态学者等。其二，要兼顾生态效益、经济效益和社会效益的协调统一，要在分析自然条件的基础上，同时考虑社会经济条件。只有这样才能客观地进行高速公路景观规划设计，增强规划设计的科学性和实用性。

7.1.4 设计思路和程序

高速公路的快速通行运输功能决定了公路景观结构体系具有绳（线性景观）结（点式景观）模式。这一特定景观结构模式的设计涉及动态的与静态的、自然的与人工的、视觉的与情感上的问题。要解决好这些问题，在公路景观设计中要遵循以下的基本思路和方法：

（1）保护公路畅通与安全

保证运输畅通与行驶安全，减少复杂环境条件下用路者的心理压力，缓解遮挡、不可预见、眩光等视觉障碍对驾乘人员造成的压迫感、恐惧感，提高行车安全和舒适度，这是公路景观设计的基础与前提。

（2）线性景观设计重在"势"

公路景观设计"形势"说中关于形和势的概念如下："形"，有形式、形状、形象等意义；"势"则是指姿态、态势、趋势、威力等意义。而形与势相比较，形还具有个体、局部、细节、近观的含义；势则具有群体、总体、宏观、远大的意义。线性景观的观赏者多处于高速行驶状态下，在这一状态下景观主体对景观客体的认识只能是整体与轮廓。因此，线性景观的设计应力求做到公路线形、边坡、分隔带、绿化等连续、平滑、自然且通视效果好，与环境景观要素相容、协调。而沿途的一些点式景观则应轮廓清晰、醒目、高低有致、色彩协调、风格统一。

（3）点式景观设计重在"形"

公路通过村镇、城乡段及公路立交、跨线桥、挡墙、收费、加油、服务设施等处的景观，其观赏者除一部分处于高速行驶状态外，还有很大部分处于静止、步行或慢行状态。因此，这部分景观的设计重点应放在"形"的刻画与处理上。如路体本身体态、形象设计，绿化植物选择与造型，公路构筑物的形态与色彩，交通建筑与地方建筑风格的协调，场所的可识别性、可记忆性，甚至铺地、台阶、路缘石等均应仔细推敲、精心设计。

作为协调公路工程设计与环保设计，统筹考虑公路建设与沿线一定区域环境景观协调相容，以生态原则为基础，坚持可持续发展原则的公路景观设计，应贯穿于公路设计的始终，其景观设计流程如图7-2所示。

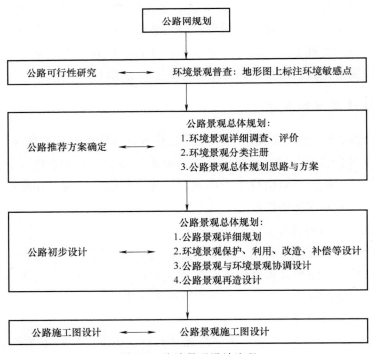

图 7-2　公路景观设计流程

根据我国具体情况，开展公路景观设计的探讨与研究，以期在公路建设中针对具体路段，系统性地、完全而具体地提出公路建设对环境包括噪声、视觉、水、生态、社会等影响的避免、改进、补偿措施，使公路建设取得最优的环境效益，为旅行者及沿线居民提供一个愉悦的出行及生活空间。

7.2 | 高速公路景观设计内容

7.2.1 线形的景观设计

高速公路景观
设计案例

随着车辆行驶速度的提高，线路本身对驾驶人视觉影响所占的比例在增加，而路两侧环境所占的比例在下降。设计车速高意味着线形设计对高速公路的景观的好坏起着决定性的作用。高速公路线形设计要满足汽车行驶的力学要求，又要满足驾驶人和乘客视觉和心理的舒适度的要求。为此，高速公路线形设计必须要结合地形和周围环境情况，科学选线，合理组合线形要素，做到连贯、均匀、协调、舒畅，使其具有良好的视觉诱导性和优美的外观，与自然环境协调一致，给人一种统一、连续的舒适感，以平衡高速公路因实行封闭而带来的隔绝感。

公路线形是由平、竖曲线与平、纵面上的直线和缓和曲线及圆形曲线组成的一条三维空间实体，公路线形景观设计应充分体现"形"与"势"的完美结合，也就是要求线形景观的设计应力求做到公路线形、边坡、中央分隔带、绿化等连续、平滑、自然，且通视效果好，与环境景观要素相容、协调。随着技术和理念的进步，线形设计不断从简单到高级阶段发展。表 7-1 为公路线形的分类。

表 7-1 公路线形的分类

线形	分类
二维线形 （平面线形、纵断面线）	按曲率分类：直线、圆、缓和曲线
	按形状分类：直线、单曲线、S 形曲线、卵形曲线、复合曲线
三维线形 （立体线形）	简单组合线形
	透视图线形（立体组合会出现扭曲的线形）
	视觉、心理线形（会导致视觉心理错觉的线形）
四维线形 （引入时间要素）	时间要素成为评价的对象（动态视觉环境的移动变化、节奏感）

7.2.2 公路路基边坡景观设计

路基边坡主要是指在路堑、路堤段填挖方的倾斜部分，它是高速公路重要的组成部分。边坡绿地在保护路基和坡面的稳定性、防止落石影响行车安全、减小水土流失、改善视觉环境等方面有着重要的意义。边坡的修建虽然在公路结构的防护和土体稳定性方面具有积极意义，但是边坡对生态、水文和景观方面产生一定的消极影响。因此，需要对边坡进行工程防护和景观设计。

边坡一般从土方工程方面分为挖方边坡和填方边坡，由构造不同分为土质边坡和石质边坡，由边坡防护方式的不同可分为植草边坡和浆砌几何形植草砖边坡等。景观设计内容主要包括边坡造型景观设计和边坡绿化景观设计两个方面。

1. 边坡造型

合理的边坡造型在协调公路与周围环境之间的关系、防止公路积雪形成、为失控车辆提供救险机会等方面有重要意义。同时，连续圆滑的边坡造型在冬季白雪的覆盖下会让驾乘人员体会连绵起伏的韵律美。寒区公路景观设计，应根据边坡类型的不同，综合地质条件、地形地貌特点、风雪流方向及边坡尺度等因素，合理选择坡面形式，并尽可能采用灵活的设计手法对边坡形状进行处理，使路基边坡与现状地形自然衔接，促进公路与周边环境的融合。

路堤边坡形式主要包括流线形、倒角折线形及台阶形三种形式。一般填方路基边坡宜采用流线形的坡面形式，取消路肩和坡脚处的折角，使土路肩到路堤边坡坡脚的边坡表面线形组成为：弧曲线（圆曲线）—直线—抛物线。这种坡面形式既能避免产生路基边坡风蚀和积雪，又能对增进自然美起到重要作用。较高的路堤边坡（边坡高度超过8m），应结合地基的地质条件，路堤边坡高度、填料性质、土地类别及植被情况等因素，合理选择倒角折线形边坡或台阶形边坡形式。

挖方路基边坡形式主要包括直线形、流线形、折线形及台阶形等四种形式。土质挖方路基一般应采用流线形边坡。岩石边坡宜采用直线形边坡，坡脚、坡顶用折角，给人刚毅挺拔、稳重有力之感。较高的土质和岩石边坡，应依据地质条件和岩土自然属性的不同，合理选择折线形或台阶形边坡形式。

除了选择合理的坡面形式，还可以运用削平、坡谷创造、分级等地表设计的手法，使边坡和自然地形保持顺畅的连续性，以增强景观效果。

2. 边坡绿化

边坡绿化不但可以美化环境，涵养水源，防止降雨和融雪对边坡造成的损害，而且对协调公路与自然景观之间的关系也具有十分重要的作用。

路堤边坡高度小于 2m 时，绿化应以植草为主，如能将边坡放缓，也可在放缓的边坡处散植灌木，与路侧环境自然过渡。路堤边坡高度大于 2m 时，绿化可在边坡下部以自然式或规则式的种植方式栽植花灌木，在边坡上部及下部花灌木的间隙处以人工撒播的方式植草绿化，下部栽植花灌木时，应注意季相树种与彩化树种的选择与搭配，以保证边坡四季有景。

土质路堑边坡绿化以植草为主。对于边坡高度小于 2m 的土质低路堑段，可在护坡草坪上适当穿插栽植花色和花期不同的树种，突出季相变化。边坡高度大于 2m 的土质路堑段，可在护坡草坪上散植花灌木，使边坡绿化形态多样化。砂石型路堑边坡一般采用拱形、人字形、菱形、矩形等浆砌片石或混凝土骨架加三维网植草形成坡面绿化，其中骨架形式与尺度应从美学和当地的文化背景方面多加考虑，当要突出骨架时，骨架施工应精细，不需要突出骨架时，应通过骨架造型修整及绿化植物遮挡等方式使骨架弱化。稳定的岩石边坡，如果自然开挖后景观质量较好，应保持原状，以彰显边坡景观的个性美和自然美。景观质量欠佳的岩石边坡可做分级处理：第一级边坡，用浆砌片石满铺，采用垂直绿化形式，在碎石坠落台种植爬藤植物，使其沿坡面满爬，以达到视觉上软化岩石坡面的目的；第二级及其以其上的岩石边坡，采用喷混植生，三维网植草或用安装刚性骨架回填土植草等生物防护新技术绿化坡面。

7.2.3　交通工程设施景观设计

交通工程设施，特别是交通安全设施、服务设施及机电设施和土建工程部分，是公路景观形象构成的重要因素。标志、标线、护栏、隔离栅、防眩设施、视线诱导设施、服务设施、采集设施等的合理布设，信息提供的完整性、清晰性、诱导的有效性，各种设施的造型、色彩等对车辆安全行驶及人们的视觉影响是非常大的。因此交通工程设施设计、施工应从以上几方面考虑视觉的美学效果，充分运用统一与变化、均衡与稳定、尺度与比例、节奏与韵律、新奇与变异等美学形式原则，充分考虑环境配合、人类视觉生理和心理的特点，对其进行美的塑造。

对于公路而言，交通标志的审美主体为驾驶人和乘客，驾驶人处于工作状态，在调整行车条件下，交通标志对于驾驶员来说，其意义主要在于提供实用的交通信息，以指导其驾驶行为。所以针对驾驶人而言，交通标志的使用意义大于审美意义。根据乘客车中所处的位置，交通标志有可能不会出现在乘客的视野中，因此在公路边大的自然环境下，单个交通标志要引起乘客的审美活动是比较困难的。公路交通工程设施的美学特征是其形状、材质和颜色在动态视觉下表现出来的形象，其美观的关键是功能的完整性带给驾驶人舒适性，以及自然和谐地融入周围环境不产生视觉污染。

连续的道路标线，一般都和路中心线（路缘石）平行，对路线线形是一种协调，并使人产生美的感受。间断的道路标线（虚实线），在动视野中形成规律的闪现，适宜的闪现率可以给观者一种欢快的情绪，这要求根据道路不同的行车速度来确定虚线的长度和间隔。

防护设施的美学特征主要表现在其布置序列在动视野中形成的韵律，可根据行车速度及道路尺寸来布置防护栏立柱（空间垂直要素）和连接结构（空间水平要素）。但是，防护栏作用特殊，在材料、尺寸及布设方式上都有标准规范，需严格执行以确保交通安全。在考虑防护栏的美学设计时，除了色彩选择比较自由外，留给设计者选择的空间比较小，只能在经济技术分析的基础上，结合周围环境，尽量达到好的效果。

防眩设施处在中央分隔带，成为道路使用者视野中明显的垂直要素，是道路平、纵线形的拟合，具有很好的视线诱导效果。采用植树防眩时，通过对树木的修剪和树种的搭配形成不断变化的景观，对缓解驾驶人的视觉疲劳具有重要意义。百叶板的外形可形成优美的序列，采用百叶板式防眩时，在动视野中成为水平摇摆、纵向起伏的效果，可缓解用路者的旅途枯燥。视线诱导设施的设置对诱导驾驶人视线及车辆行车的安全保障方面起着重要作用，因此，视线诱导设施景观应重在布设位置、间距上多考虑，既要满足有效诱导驾驶人视线作用，又要满足行车安全作用。

7.2.4 服务区景观设计

服务区主要解决车辆的休息、加油、修理及驾乘人员的食宿。服务区景观往往是全线景观中最容易给人留下深刻印象的部分。因此，公路服务区的景观设计在满足基本功能要求的同时，应通过建筑的景观造型设计及庭院的景观绿化设计突出对地域人文特色的展现。

服务区建筑的设计风格应对驾乘人员起到强烈的吸引作用，这种吸引应是一种被注入情感的吸引而不应是单纯的建筑本身色彩和形体的吸引。设计者应从建筑物所在的地域中提取出能够展现当地历史文化风貌的符号，并把这种符号运用到建筑物的景观造型设计中，从而赋予建筑以地域文化的内涵，给驾乘人员地域情感的体验。

服务景区绿化设计应首先满足其功能要求：停车场周围栽植高大乔木，为停靠休息的车辆、人员提供阴凉；加油区周围环境要通透，便于驾驶人识别，在种植上选用低矮灌木和草本宿根花卉，这些植物应具有抗性（对逆境的适应和抵抗能力）且不易燃；收费站、管理所的绿化以衬托建筑，美化环境为目的，其绿化树种宜选择观赏性强的乔、灌木，形成花园式的庭院布局；在面积较大的绿地或重点地段可建亭榭、花坛等园林小品，供驾乘人员休息和观赏，以解除他们的旅途疲劳。

此外，绿化植物的选择与配置应考虑色彩、季相、姿态等多方面的变化与要求，力争通过乔、灌、花、草等植物的合理搭配，形成高低错落的植物群落，彰显绿化植物在空间上的季相变化之美，展现植物季相特色。

7.2.5　高速公路景观绿化设计

高速公路景观绿化设计在总体布局上，一般是以绿色植物大面积覆盖，应乔、灌、草结合，注意植物的合理配置，做到不见裸土。在植物种植上采取多种形式，以大量色木构成大色块，或以树包树（小灌木紧包大树）的手法，使景与植物有机结合，达到景物交融。以下就中央分隔带、防护带、互通式立交交叉及取土坑、弃土场绿化做简单介绍。

1. 中央分隔带

中央分隔带是公路绿化的重点，绿化美化功能以防眩为主，同时丰富公路景观。宽中央分隔带本身就有防眩效果，可在其中设置花坛，种植各种矮生花木，形成园林式景观效果；窄中央分隔带的绿化主要考虑防眩和驾驶人视线的要求，应根据车速和动态视角，采用高度为 1.6 ~ 1.7m 的灌木，连续栽植。为了富于变化，可以每隔一定距离点缀一株花灌木，通过花灌木的不同花期、花色及叶色变化，减少单调感。防眩树种应选择抗逆性强、枝叶浓密、常绿、耐修剪的树种，按防眩效果和景观要求，有规律地排列，形成一定的韵律感。中央分隔带的地表绿化一般选择满铺草坪，使地表得以有效覆盖，防止土层污染路面。

2. 防护带

在公路外侧往往有防护带，其主要作用为防风隔声、纳污除尘、固土护坡、调节气候、涵养水源、引导视线、协调景观。防护带树种及草种应能对污染物有较强的抗性并有适应不良环境条件的能力，采用外高内低，即远乔木、中灌木、近草坪的三层绿化体系，形成连续、密集的林带。有些地方栽植经济林作为防护带，既带动了经济发展，又起到了绿色屏障的作用。两侧带状绿化是建设绿色通道工程的主体，是景观环境再造、协调公路与周围环境关系的基本措施，其绿化配置的好坏不仅影响到生态环境，而且关系到公路的建筑美和景观美能否充分展现。这部分绿化要达到一定的规模才能形成一道壮观的绿色风景线，其宽度根据两侧的地物、地貌确定，一般 10～15m 为宜。植物配置应以行列式为主、大块面组合，树种应根据土壤、气候等特征和树种的人文寓意选定，一般以常绿为主，为了视线通透，分枝节点一般在 6m 左右。

3. 互通式立体交叉

互通式立体交叉景观设计的目的是引导驾驶人视线、保证行车安全及观赏作用。互通立交区是高速公路的出入口，其空间由道、匝立体交叉围合而成，绿化设计必须满足行车功能的需要和视觉要求。互通式立体交叉的绿化栽植除了美化环境、点缀城市外，还有诱导交通、提高交通安全的作用。互通式立体交叉绿化设计，在保证交通功能的前提下，构图可以根据互通式立体交叉的特点，以图案简洁、空间开阔为主，适当点缀树丛、树群，注重整体感、层次感，形成开敞开放、简洁、明快的格调。或者选择一些常绿灌木进行大片栽植，构成宏伟图案，同时适当点缀一些季相有变的色叶木和花果植物，形成乔、灌、草相结合的复层搭配植物景观，赋予其一定的历史文化、民族风格等内涵。

4. 取土坑、弃土场

取土坑、弃土场是高速公路建设过程中堆积废弃土方的场所，往往含有建筑垃圾和其他许多不适宜植物生长的物质，景观设计的重点是绿化遮挡和生态恢复，绿化应该以恢复植被和保持水土为主要目的。

弃土场的绿化暂时铺植生命力较强的植物，同时播种散植一些直根系发达的当地植物，使播种植物根系发达而深入土层，固定土壤，以便将来进行其他用途。

7.3 交通环境问题及环境保护

7.3.1 公路交通环境问题

我国《环境保护法》从法律角度给出了环境的定义，规定了环境保护的对象是"包括大气、水、海洋、土地、矿藏、森林、草原野生生物、自然遗迹、人文遗迹、自然

高速公路交通
环境问题

保护区、风景名胜区、城市和乡村等"环境要素。由于高速公路具有可能穿越一切环境要素的特点，公路交通环境包括环境保护法所定义的所有环境要素。

生态环境问题归纳起来可分为两类：一类为污染型环境问题，如大气环境污染、水环境污染、声环境污染和土壤污染等；另一类为资源破坏型环境问题，如对水、土地、森林、草原、文化资源等自然资源超额利用造成资源短缺。高速公路的建设活动不可避免对所经区域的生态环境造成一定程度的破坏，公路交通环境问题包括环境污染及资源破坏两方面。

1. 公路交通环境污染

公路交通环境污染是指与公路交通相关的人为活动向环境排放的某种物质或能量，使环境质量恶化的现象。公路交通环境污染主要有三方面：

1）汽车排放的一氧化碳、二氧化氮等有害气体对大气环境的污染，是大气污染的主要来源。

2）交通噪声对声环境的污染，是人类所受到声环境影响方面的最大噪声源。

3）公路沿线服务设施的固体垃圾、污水及路面径流对地表水环境和土壤环境的污染。

2. 公路交通资源破坏

公路交通资源破坏是指与公路交通相关的人为活动使自然资源遭受损失。公路建设对自然资源的破坏包括土地占用、植被破坏、水土流失和动植物影响等。

由前面的分析可知，环境污染及资源破坏，最终都将影响生态系统的平衡，即造成生态破坏。所以，公路交通环境污染及公路交通资源破坏都是生态系统的破坏源。

7.3.2 公路交通对动植物的影响与保护设计

高速公路的修建和运营时的交通环境都对动植物生长活动带来负面影响。

1. 公路交通对野生动植物的影响

（1）阻隔作用

对地面的动物来讲，公路是一道屏障，起到分离与阻隔作用，使动物活动范围受到限制。使生态环境岛屿化，生存在其中的生物将变得脆弱，并有可能发生种内分化。因此，公路阻隔效应对动物的潜在影响是巨大的。

（2）接近效应

公路交通使许多原先人类难以到达或难以进入的地区变得可达或易于进入，这对野生动植物构成巨大威胁。

（3）生态环境破坏

公路建设过程中产生大量的水土流失，这些流失的土壤将在下游的地表水体（如河流、湖泊）中沉积，沉积物将覆盖水生生物的产卵和繁殖区域；因公路建设而使河流改道或水文条件发生变化，使生物的生存环境变化，有可能导致一些生物的消失；公路施工中大量的弃渣对生长在公路两侧的动植物的活动区域产生影响。

（4）污染作用

公路交通排放的废气、交通噪声、振动和路面径流污染物等对动植物生存环境的污染，降低了动植物的生存环境质量（即污染效应）。

（5）交通事故

野生动物穿越公路时与快速行驶的车辆相撞可导致伤亡。

2. 对地表植物的直接破坏作用

1）公路工程永久性征用土地，使公路沿线的地表植被遭受损失或损坏。

2）施工期临时用地，包括施工便道、拌和场、施工营地和预制场等，因施工作业的影响，这些土地的地表植被遭受损失。

3）取、弃土石方作业，使原有地表植被遭到破坏。

4）施工期由于筑路材料运输、机械碾压及施工人员践踏，在施工作业区周围土地的部分植被遭到破坏。

3. 保护措施

（1）设置动物通道

高速公路由于设置公路隔离栅，且其网格密度较高，所以很少存在动物与车辆相撞的问题。但需要为动物从高速公路一侧到另一侧的活动提供通道。

在野生动物保护区、自然保护区等经常有野生动物特别是濒临灭绝的珍稀野生动物活动的地区，可考虑修建动物通道来保护动物的栖息环境。动物通道分为上跨式和下穿式两种。下穿式通道的设计可与涵洞或其他水利设施结合起来。为使动物通道发挥其应有的作用，通道两侧及上跨式通道的桥面上都要实施适当的绿化，以增加隐蔽感，如图7-3所示。

（2）用隧道、桥梁取代大开挖或高路基

用隧道取代大开挖或用桥梁取代高填路基的做法，是基于生态设计的理念。

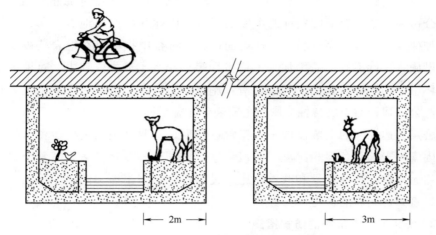

图 7-3　与水利设施结合修建的下穿式动物通道

显然，这种方式对动物生态环境的影响是最小的。在山区路段采用隧道、桥梁，不仅可以避免大挖方量、大弃土方量、大填土方量、大面积边坡的稳定处理及无法补救的景观影响等问题，而且有利于野生动物的保护。隧道上面的山体及桥梁下面的通道是动物天然的活动场所。

（3）植树造林

在公路路界内或相邻区域植树有利于当地的动植物保护。在一些场合，植树起到防止水土流失作用的同时，还可为当地的动物提供更多的栖息地或迁徙路径。所种植树木应尽量采用本土植物，以便在最少的维护工作量下达到维持生态平衡的效果。

（4）水生生物的保护措施

公路建设同时也存在着对水生生物的影响，其减缓措施有：①在跨越河流或湖泊水体时，尽量采用桥涵路过，减少使用堆填式的路基结构；②尽可能减少现有河流水体的改道；③加强水域路段的路堤防护，防止土壤侵蚀引起水质污染及河道淤塞，影响水生生物的生存环境；④涵洞设计中应考虑水生生物迁移回游的需要，在必要的场合，应设置消力墩降低水流流速，以便鱼类能逆流回游，涵洞底部标高应低于河床标高。

7.3.3　公路工程水土保持

1. 公路建设对土壤侵蚀的影响

公路建设项目对土壤环境的影响是由于施工开挖而土体裸露造成的侵蚀，

以及项目建成后，土壤植被条件的变化改变了地面径流条件而造成的侵蚀。

公路施工期引起土壤侵蚀的主要因素有：山体开挖造成地表裸露；填筑路堤增加裸露面；取、弃土场产生裸露面；施工过程中损坏原有地表植被及水土保持设施；干扰不良地质增加其不稳定性等引起水土流失。其中，对地表植被的破坏引起的水土流失的工程因素有：施工便道、施工机械碾压及施工人员践踏等。公路建设对土壤侵蚀的影响主要表现在施工期。

公路营运期间的土壤侵蚀一般在营运初期，主要是施工过程遗留下的土壤侵蚀因素尚未消除。但相比施工阶段，这一侵蚀程度要轻得多。随着公路水土保持生态措施的逐渐恢复和改善，施工过程中影响水土流失的一些因素将逐渐消失，直到达到新的稳定状态。

2. 公路工程中常用的防护措施

（1）植物防护

在边坡上种草或铺草皮，既可阻止地表水对坡面的冲刷和风对坡面的吹蚀，又可绿化路线。在冲刷不严重的较缓且高度不大的土质坡面上，可选择适合当地土壤和气候的草籽，在其表面直接播种。

（2）边坡防护网

在公路挖方路段或半挖半填路段的边坡采用防护网可以起到紧固土壤的作用，防止边坡的落石或滑塌，保护边坡稳定。防护网可以用钢丝或尼龙材料制作。

（3）砌石、抹面和护墙

对于较陡的土质边坡和易风化或破碎的岩石边坡，可采用砌石护坡。砌石有干砌和浆砌片石两种，前者适用于边坡坡度较缓或经常有地下水渗出坡面的情况，浆砌片石适用于坡面较陡的情况。在夹有易于风化的软质岩层的路堑坡面上，由于软质岩层风化较快，常常剥蚀而成凹坑，引起上部有节理的硬质岩层的崩塌和落石等病害，对此，可采用抹面措施。护墙由浆砌片石组成，用以防护坡度较陡的土质边坡或易风化剥落和节理发达的岩石路堑边坡。护墙不承受侧向土压力，因此要求边坡稳定。

（4）冲刷防护

沿河路堤的边坡和坡脚易遭受水流的冲刷和淘刷作用而破坏。对于沿河路堤的坡面应根据河流特性（水流方向和流速大小）采取各种防冲刷措施。常用的冲刷防护措施有：植物防护、片石防护、抛石、石笼和浸水挡土墙等。

7.3.4　公路地表植被保护

1. 地表植被作用

绿色植物是自然生态系统的主体，在维系自然生态系统平衡方面起着重要作用。绿色植物的生态环境功能包括以下几个方面：①吸收二氧化碳，产生氧气；②调节环境温度及湿度，改善气候；③涵养水源；④保持土壤，保持路基及边坡的稳定；⑤防风固沙，改善公路景观；⑥吸收有毒有害气体和降噪功能。

2. 公路建设中防止地表植被破坏的防治和纠正措施

公路建设过程中防止地表植被破坏的措施可分为两方面：一是在公路设计和施工计划中科学设计，合理规划，尽可能地减少对地表植被的破坏；二是对公路施工过程中破坏的植被采取工程措施，尽可能早地予以恢复或补偿。一般而言，工程措施就是对公路开挖后裸露的边坡，路基边坡和取、弃土场，公路临时用地，公路服务区，收费站生活区，养护管理工区，立交环形匝道的空地及全路路界内的一切可以利用的空地植草植树，实施绿化工程。绿化在保证结构稳定的同时，可参照景观设计的要求进行植被恢复和绿化。部分内容可以参考本书景观设计章节的介绍。

7.3.5　公路交通水体污染防治

1. 公路水体污染源

（1）生活污水

生活污水是人们日常生活中产生的污水，包括卫生间排水、厨房洗涤排水、淋浴和洗衣等排水。生活污水的特征是水质比较稳定，表现为浑浊、深色、恶臭、呈微碱性，一般不含有毒物质，但常含植物营养物质，且含有大量细菌、病毒和寄生虫卵。

高速公路服务区、收费站、管理区和车站排水主要以生活污水为主。以服务区为例，其设施构成包括卫生间、办公楼、宿舍、旅社、浴室、餐厅、机修车间和洗车场等，服务区排水由生活污水和洗车、机修等车间排放的生产污水组成。因洗车及机修所排放的污水量相对较小，公路服务区污水以工作人员和过往旅客产生的生活污水为主要组成。

（2）地表径流

生活污水、工业废水和城市污水通常被称为点污染源，而地表径流一般称为面污染源。与公路交通相关的地表径流包括公路施工场地地表径流和路面径流。公路施工场地地表径流所含污染物以泥砂颗粒物为主。公路路面径流是具有单一地表使用功能的地表径流，所含污染物与车辆运输及周围环境状况有关，污染物来源于车辆排气、车辆部件磨损、路面磨损、运输物洒落及大气降尘，主要成分为固体物质、有机物、重金属和无机盐等。

2. 公路水体污染防治

（1）生活和洗车污水处理

公路沿线的附属设施，如服务区、收费站、养护管理站及车站排放废水都有生活污水特征，所以通常采用生活污水处理方法进行处理，处理原理和工艺可参考城市规划及给水排水工程等相关知识。

大型洗车场废水除含有石油类物质外，还含有大量泥砂颗粒物。另外，大型洗车场废水都要求循环使用。冲洗车体用水和冲洗底盘用水水质也有所不同，要求处理的程度也不同，所以，洗车废水处理除了除油以外，还要通过沉淀、过滤工艺组合，达到循环使用的目的。

（2）公路地表径流水污染控制

公路地表径流水污染控制包括公路施工场地地表径流水污染控制和公路路面径流水污染控制。公路施工场地地表径流所含污染物以泥砂颗粒物为主，对地表水体的污染主要是：①造成水质污染，水体浑浊；②对水生物物质造成干扰；③污水含有的大量泥砂会改变水文地质状况，降低河流泄洪能力。公路施工场地地表径流控制常用的措施是设置土工布围栏和土沉淀池，以及及时地实施工程护坡、修筑排水沟和恢复地表植被等。

一般说来，公路路面径流不会对水体和土壤造成大面积的污染。但当公路距自然保护区水源保护地、水产养殖区或对水质有特殊要求的水体较近时，应考虑路面径流对水环境的污染。路面排水不能直接排入这些水体，必要时可在路边设置沉淀池进行沉淀处理后排放，或利用天然洼地、池塘、湿地等收集处理路面径流。

7.3.6 公路交通噪声污染防治

高速公路交通噪声主要考虑两个阶段，即公路施工期和运营期。施工期主要噪声源是筑路机械噪声和运输车辆辐射的噪声。运营期主要是车辆运行过程中产生的噪声。公路交通噪声的危害主要包括：①损伤人的听力；②干扰睡眠；③对人体生理发育的影响；④对动物生长和生活的影响。因此，交通噪声也是城市建设中一个非常需要关注的环境问题。

1. 声环境质量标准

根据《声环境质量标准》（GB 3096—2008）和《社会生活环境噪声排放标准》（GB 22337—2008），按照区域的使用功能特点和环境质量要求，声环境功能区分为五种类型，对应不同的噪声限值，见表7-2。当高速公路影响区域达不到声环境质量标准时，就需要采取措施，降低噪声。

0 类：是指康复疗养区等特别需要安静的区域。

1 类：是指以居民住宅、医疗卫生、文化教育、科研设计、行政办公为主要功能，需要保持安静的区域。

2 类：以商业金融、集市贸易为主要功能，或者居住、商业、工业混杂，需要维护住宅安静的区域。

3 类：是指以工业生产、仓储物流为主要功能，需要防止工业噪声对周围环境产生严重影响的区域。

4 类：包括 4a 类和 4b 类两种类型。4a 类为高速公路、一级公路、二级公路、城市快速路、城市主干道、城市次干道、城市轨道交通地面段、内河航道两侧区域；4b 为铁路干线两侧区域。

表 7-2　声环境噪声限值　　　　　　　（单位：dB）

时段		昼间	夜间
类别	0 类	50	40
	1 类	55	45
	2 类	60	50
	3 类	65	55
	4 类　4a 类	70	55
	4b 类	70	60

2. 交通噪声防治基本措施

交通噪声的防治是高速公路建设中一个重要的内容，噪声的控制措施主要分为三个方面：降低噪声源的辐射噪声、控制噪声传播途径、保护噪声受害者。具体措施有：

（1）合理的高速公路线路规划

合理选线，避绕敏感区。线路应避免穿越或过于接近城市市区和乡镇的中心区，并尽可能避让学校、医院、城镇居民住宅区和规模较大的农村村庄等环境敏感点。在公路规划时，就应考虑避免产生噪声污染的问题。

（2）环境工程

对噪声级不能达到相关环境质量标准的敏感区，在公路与建筑物之间建造隔声绿化带声屏障，在建筑物安装隔声窗等环保措施，控制噪声传播途径，缓解噪声污染，这是目前降低公路交通噪声的主要方式。

使用低噪声路面也是降低公路噪声的有效途径；公路设计时，在噪声敏感区，尽量降低路面标高，采用路堑边坡降低交通噪声；改进汽车性能，降低声源噪声辐射，从污染源着手是解决公路交通噪声污染的根本途径。

声屏障是使声波在传播途径中受到阻挡，从而达到某特定位置上的降噪作用的一种装置。声屏障的作用是使噪声受控点落在声屏障所产生的"声影区"内，这个"声影区"的大小与声音的频率有关，频率越高，声影区的范围也就越大。但由于交通噪声所特有的不确定性，也使得在设计公路声屏障的长度、高度这两个最为关键的数值上，除了科学的设计计算外，还需要很多的实例经验。目前声屏障的类型有很多种。隔声屏障常见的四种类型分别是：阻性声屏障、普通透明声屏障、微孔板透明声屏障（吸声）及复合式声屏障。

7.3.7 公路交通大气污染与防治

公路交通是人为因素造成大气污染的主要来源之一，公路交通大气污染源主要由两部分组成，一是公路施工期间产生的扬尘、沥青烟等大气污染物；二是公路运营期间车辆交通排放的大气污染物。

公路交通空气污染主要污染物有一氧化碳（CO）、碳氢化合物（CH）、氮氧化物（NO_x）、二氧化硫（SO_2）、颗粒物质（铅化合物、碳烟、油雾）及恶臭物质。它们大部分是有害有毒物质，有些还带有强烈刺激性甚至致癌。

目前，全球汽车消耗的石油已占石油消耗总量的1/3。近年，我国机动车尤其是小汽车呈现爆发式增长态势。据统计分析，城市大气污染中，机动车尾气污染贡献率达20%~50%。有些特大繁华城市甚至高达70%，而且比重还在不断增加。机动车尾气排放对氮氧化合物的贡献率高达60%~70%，对一氧化碳的贡献率达30%~50%，对铅污染贡献率高达80%，足见交通污染是大气污染的罪魁祸首之一。

1. 大气污染相关标准

2012年颁布的《环境空气质量标准》（GB 3095—2012）规定了大气环境中主要污染物的最高允许浓度（表7-3）。这个标准作为大气污染的评价依据，也是制定汽车排放污染物标准的准则。其中环境空气质量标准分为两级，对应的功能分区也分为两级：一类区执行一级标准；二类区执行二级标准。

表 7-3 环境空气污染物基本项目浓度限值

污染物名称	取值时间	浓度限值		单位
		一级标准	二级标准	
二氧化硫（SO_2）	年平均	20	60	$\mu g/m^3$
	24h 平均	50	150	
	1h 平均	150	500	
二氧化氮（NO_2）	年平均	40	80	
	24h 平均	80	80	
	1h 平均	200	200	
一氧化碳（CO）	24h 平均	4	4	mg/m^3
	1h 平均	10	10	
臭氧	日最大 8h 平均	100	160	
	1h 平均	160	200	
颗粒物（粒径≤10μm）	年平均	40	70	
	24h 平均	50	150	
颗粒物（粒径≤2.5μm）	年平均	15	35	
	24h 平均	35	75	
总悬浮颗粒物（TSP）	年平均	80	200	$\mu g/m^3$
	24h 平均	120	300	
氮氧化物（NO_x）	年平均	50		
	24h 平均	100		
	1h 平均	250		
铅（Pb）	年平均	0.5		
	季平均	1		
苯并芘（BaP）	年平均	0.001		
	24h 平均	0.0025		

环境空气质量功能分区分类如下：一类区为自然保护区、风景名胜区和其他需要特殊保护的地区；二类区为居住区、商业交通居民混合区、文化区、工业区和农村地区。

2. 空气污染防治措施

公路交通空气污染主要由机动车辆行驶中排放有毒有害物质及在公路上产生的扬尘所致。公路交通空气污染防治主要有以下途径：①采用新的汽车能源；

②采用新燃料；③对现有燃料改进及前处理；④改进发动机结构及有关系统；⑤在发动机外安装废气净化装置；⑥控制油料蒸发排放；⑦加强和改进公路交通管理，减少交通流量，鼓励公交或合乘；⑧改善道路行驶条件；⑨加强公路及两侧的植树绿化。

7.4 公路建设项目环境影响评价

7.4.1 公路建设项目环境影响评价概述

环境影响评价是指对规划和建设项目实施后可能造成的环境影响进行分析、预测和评估，提出预防或者减轻不良环境影响的对策和措施，进行跟踪监测的方法与制度。通俗说就是分析项目建成投产后可能对环境产生的影响，并提出污染防治对策和措施。

环境影响评价起源于 20 世纪 60 年代，1969 年美国首先把"环境影响评价制度"列入《国家环境政策法》中，规定对拟建中有环境影响的工程项目须做出环境影响的预测、评价和选择。之后，环境影响评价技术广泛用于环境管理、区域环境规划、城市综合整治、维持生态平衡和新老建设项目的污染防治等诸多方面。

从 1987 年开始，我国就开始了公路建设项目的环境影响评价工作。1990 年，《交通建设项目环境保护管理办法》（现已废止）规定，对环境有影响的交通行业中的大中型项目，必须执行环境影响报告书（表）审批制度。建设项目的环境影响评价工作是工程可行性研究工作的组成部分。建设主管部门在下达建设项目工程可行性研究任务时，应将有关文件送同级交通环境保护部门，环境影响报告书（表）的编制工作应与建设项目的工程可行性研究报告编制工作同步进行。1996 年 7 月第四次全国环境保护会议之后，公路建设项目环境影响评价工作受到了高度重视。同年，交通部编制了《公路建设项目环境影响评价规范（试行）》，使公路建设项目环境影响评价工作步入规范化，交通部在公路建设项目设计规范中规定了公路设计文件中必须含有环境保护设计篇章，使公路环评报告中提出的环保措施有了实施的保障。

建设对环境有影响的一切建设项目，必须依法执行环境影响评价制度，必须依法执行环境保护设施与主体工程同时设计、同时施工、同时投产使用的"三同时"制度。公路工程建设对生态环境的影响研究在我国正逐步深入，颁布的一系列法律法规也在不断修订、日臻完善。

1) 2006 年，交通运输部颁布《公路建设项目环境影响评价规范》（JTG B03—2006）。

2) 2010 年，交通运输部颁布《公路环境保护设计规范》（JTG B04—2010）。

3) 2017 年，国务院颁布《建设项目环境保护管理条例》。

4) 2017 年，环境保护部颁布《建设项目竣工环境保护验收暂行办法》。

7.4.2　公路建设项目环境评价流程

1. 公路建设项目环境影响评价分类

公路建设项目环境影响评价是对公路建设项目的施工期及营运期可能对周围环境造成的影响进行预测和估计，是单一建设项目的环境影响评价。在开展公路建设项目环境评价之前，先要明确公路建设项目环境影响程度分类以及编制什么类型的环境影响评价报告。

环境影响评价报告分为三类：环境影响报告书（简称环评报告书）、环境影响报告表（简称环评报告表）或者环境影响登记表。环评报告书适用于可能造成重大环境影响的建设项目编制；环评报告表以表格为表现形式，环评报告书以文件为表现形式；环评报告表主要适用于小型建设项目、国家规定的限额以下的技术改造项目、省级环境保护部门确认的对环境影响一般的大中型项目和限额以上技术改造项目；环境影响登记表则适合于小型项目，对环境影响很小。环评报告表向环境保护主管部门提交，环评报告书上报至环保局。

《建设项目环境保护分类管理名录》对公路建设项目做出规定，如下项目需要编制环境影响报告书：三级及以上等级公路 50km 及以上；三级及以上等级公路 50km 以下，经过敏感区；1000m 及以上的独立隧道；1000m 以下的独立隧道，经过敏感区；桥梁工程长度 1000m 及以上；桥梁工程长度 1000m 以下，经过敏感区。其他项目可以填报环境影响报告表即可。

其中敏感区是指具有下列特征的区域：

1) 需特殊保护地区：国家法律、法规、行政规章及规划确定或经县级以上人民政府批准的需要特殊保护的地区，如饮用水水源保护区、自然保护区、风景名胜区、生态功能保护区、基本农田保护区、水土流失重点防治区、森林公园、地质公园、世界遗产地、国家重点文物保护单位、历史文化保护地等。

2) 生态敏感与脆弱区：沙尘暴源区、荒漠中的绿洲、严重缺水地区、珍稀动植物栖息地或特殊生态系统、天然林、热带雨林、红树林、珊瑚礁、鱼虾产卵场、重要湿地和天然渔场等。

3）社会关注区：人口密集区、文教区、党政机关集中的办公地点、疗养地、医院等，以及具有历史、文化、科学、民族意义的保护地等。

2. 公路环境影响评价报告书内容

环境影响报告书应全面、概括地反映环境影响评价的全部工作，文字应简洁、准确，并尽量采用图表和照片，报告引用的数据须可靠、翔实，评价结论应明确、可信，环境保护措施应具有针对性与可操作性。

公路环境影响报告书应包括如下内容：①工程概况与工程分析；②环境概况；③环境要素专题评价；④公众参与；⑤事故污染风险分析；⑥环境管理计划、环境监测计划与环境监理要求；⑦环境保护措施与投资估算；⑧环境影响经济损益分析；⑨环境影响评价结论。

3. 公路建设项目环境影响评价管理流程

（1）管理程序

1999 年国家环境保护总局发布了《关于执行建设项目环境影响评价制度有关问题的通知》，明确了环境影响评价的管理程序及审批权限，相关内容如下：

1）项目建议书批准后，建设单位应根据《建设项目环境影响分类管理名录》确定建设项目环境影响评价类别，以委托或招标方式确定评价单位，开展环境影响评价工作。

2）应编制环境影响报告书的项目，需要编写环境影响评价大纲，应编制环境影响报告表的项目不编写评价大纲。环境影响评价大纲由建设单位上报有审批权的环境保护行政主管部门，同时抄报有关部门。有审批权的环境保护行政主管部门负责组织对评价大纲的审查，审查批准后的评价大纲作为环境影响评价的工作和收费依据。

3）建设单位根据环境保护行政主管部门对评价大纲的意见和要求，与评价单位签订合同开展工作。

4）环境影响报告书、报告表编制完成后，由建设单位报有审批权的环境保护行政主管部门审批，同时抄报有关部门。建设项目有行业主管部门的，由行业主管部门组织环境影响报告书、报告表的预审，有审批权的环境保护行政主管部门参加预审；建设项目无行业主管部门的，其环境影响报告书、报告表由有审批权的环境保护行政主管部门组织审批。

5）有水土保持方案的建设项目，其水土保持方案必须纳入环境影响报告书。行政主管部门应在报告书预审时完成对水土保持方案的审查。

6）海洋工程、海岸工程的环境影响报告书，海洋行政主管部门应会同负责预审的行业主管部门，在预审时完成涉及海洋环境影响部分的审核，并签署意见；建设项目无行业主管部门的，审核工作可在有审批权的环境保护行政主管部门审查环境影响报告书时，同时完成。

7）建设项目的环境影响报告书、报告表必须由持有国家环境保护总局（现为生态环境部）颁发的环境影响评价资格证书的单位编写。

8）国家重大建设项目应采用招标的方式确定评价单位。

9）需重新报批环境影响报告书、环境影响报告表或者环境影响登记表的建设项目，执行以上管理程序要求。

10）需重新审核环境影响报告书、环境影响报告表或者环境影响登记表的建设项目，由建设单位持经批准的报告书、报告表及原批准文件报原审批机关审核，原审批机关在收到要求重新审核的报告书后，10 个工作日之内将审核意见书面通知建设单位，逾期未通知的视为审核同意。

11）报告书、报告表预审后一个月内，行业主管部门应报送预审意见，有审批权的环境保护行政主管部门的下一级环境保护行政主管部门应报送审查意见。涉及水土保持方案和海洋工程、海岸工程建设项目，有关部门审核意见可纳入行业主管部门的预审意见中，也可在上述时间内单独报送有审批权的环境保护行政主管部门，逾期未报送审核意见的，视为同意。环境影响报告书、报告表中水土保持方案或海洋环境影响部分的结论意见，环境保护行政主管部门可直接审批。

建设项目环境影响评价审批办理流程如图 7-4 所示。

（2）审批权限

对建设项目实行分类管理、分级审批。国家环境保护总局负责审批以下四种类型的建设项目环境影响报告书、报告表、登记表：

1）核设施、绝密工程等特殊性质的建设项目。

2）跨省、自治区、直辖市行政区域的建设项目。

3）国务院审批或国务院授权国务院有关主管部门审批的建设项目，在现阶段是指投资在 2 亿元人民币及以上，由国家发改委、国家经贸委、外经贸部、国家工商行政管理局等部门审批或企业注册、申领执照的建设项目。

4）建设项目造成跨省级行政区域影响，有关行政主管部门有争议的建设项目。

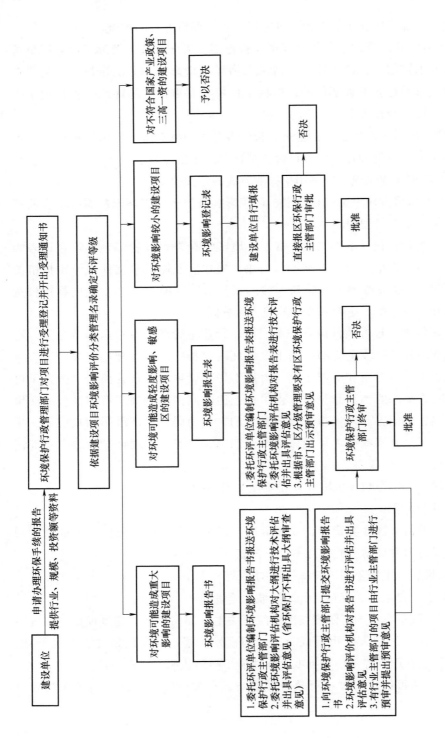

图 7-4　建设项目环境影响评价审批办理流程

7.4.3 公路建设项目环境评价内容

1. 生态环境影响评价

生态环境影响评价主要包括：公路施工及营运期间对野生生物的影响评价、重要生态系统的影响评价及水土流失影响评价等。

对野生生物的影响包括：地表植被的破坏、野生动物栖息地的丧失或退化、野生动物迁徙路线的割断、使野生动物向其他地带迁移或回游、影响毗邻土地上的野生生物等。

重要生态系统的影响包括对原始森林、热带雨林和湿地等生态系统的影响。由于公路系统的介入特别是在港湾地带、沼泽和河流等处修筑公路，可导致流域分界线等水文条件的改变。水文条件的改变影响重要的生态因子，如沉积类型、淡水和咸水混合、养分流失及水生生物的生态环境。

2. 声环境影响评价

声环境影响评价主要包括公路营运期的交通噪声及施工期的施工机械噪声对周围声环境质量的影响评价。交通噪声影响包括：干扰公路周围文化、教育、医疗机构的正常活动；影响需要安静环境的娱乐活动；影响需要安静环境的商业贸易活动；影响公路两侧的住宅开发等。

3. 环境空气影响评价

环境空气影响评价主要包括公路营运期的汽车尾气及施工期的扬尘、沥青烟对周围环境空气质量的影响评价。公路营运期的影响有：汽车排放的空气污染物使周围环境空气质量下降；公路沿线植被和建筑物上覆盖的尘土和汽车排放颗粒物；由于车辆流量增加而加重的烟雾等。

4. 水环境影响评价

水环境影响评价是对公路建设和运营期所引起的水环境改变及其影响的评定，是建设项目环境影响评价的主要内容之一。水环境影响有：公路地表径流含有油、沥青、杀虫剂、肥料、防冻盐、人畜排泄废物及燃烧产物等，影响水质、水生生物及路旁植被；公路施工及营运期公路附属设施生活区的污水、垃圾可能影响局部水系的水质；地表水和地下水补给区受公路建设和营运期堆放的废弃物污染，会增加补给水中污染物浓度。

5. 社会环境影响评价

公路建设项目社会环境影响评价是指对拟建公路项目所引起的社会环境变化进行定性或定量的分析评价，以及提出消除或减缓不良效果的措施。其中包括：

（1）区域社会环境评价

区域社会环境评价主要是指对公路所涉及区域内的工农业生产、经济开发与发展规划、资源利用、交通运输体系、文化教育等因素在项目建设影响下的宏观变化与发展的分析评价，这种影响通常体现为公路建设的社会效益和经济效益。

（2）沿线社会环境评价

沿线社会环境评价主要是指项目建设自身或环境质量变化等因素对公路沿线地区的社区发展、农村生计方式、居民生活质量、征迁安置、土地利用、基础设施、文物古迹和旅游资源等因素的直接影响及变化情况的分析评价，这种影响通常表现为公路占用、干扰或关联等对两侧附近人群和单位造成的直接影响。

复 习 题

1. 高速公路景观设计区别于其他景观设计的显著特点有哪些？

2. 高速公路景观设计的首要原则和优先原则是什么？

3. 高速公路景观设计的流程包括哪些步骤？

4. 高速公路景观设计的内容有哪些？

5. 高速公路带来的环境污染及资源破坏问题有哪些？

6. 高速公路环境问题的具体保护和防治措施有哪些？

7. 公路建设项目的环境影响评价流程包括哪些步骤和具体内容？

8. 从高速公路建设者的角度来谈谈你将如何落实"生态发展观"的理念，自觉降低公路工程建设对环境的负面影响。

第8章

智慧高速公路系统

重点难点

智慧高速公路系统框架；智慧高速公路系统 7 项关键技术。

本章学习要求

了解高速公路系统总体架构及组成；熟悉智慧高速公路的内涵与主要特征，了解国内外智慧高速公路发展情况；熟悉视频云技术、人车路协同、高精度定位技术、智慧服务区、地理信息服务、大数据管理等关键技术。

8.1 智慧高速公路系统概述

智慧高速公路是为充分发挥高速公路的功能属性，基于智慧理念，运用大数据技术、物联网、云计算等先进技术，通过对高速公路核心系统的各项关键信息的采集、分析、挖掘，形成开放共用的基础平台，多层次可扩展的业务系统；它以安全、高效、便捷、绿色为目标，结合多样、开放的运营管理与服务模式，为人和货物的快速运输提供可靠的网络化通行服务，为"人-车-路-网-云"交互提供自由的通信管道服务，为应急事件提供全时可响应的应急服务，为出行者提供精细化、自主化的出行服务，响应高速公路使用者和管理者的各类需求，从而实现高速公路的可持续发展。

8.1.1 智慧高速公路系统的内涵

智慧高速公路是综合利用现代信息技术，具备智能感知、

智慧高速公路
系统的内涵

多源分析、精准预测、主动控制、车路协同等能力并随技术发展不断演进的智能化高速公路。智慧高速公路系统的主要特征如下：

1. 交通信息的全面感知

对公路道路人、车、路、环境四大要素进行全面、实时的采集，将多源的交通感知信息进行融合分析、汇聚和建模，形成对公路交通状况的全面感知，包括交通流量的时空分布、交通事件检测及路面状态和环境状况，预测未来交通流量等，为智能化出行服务及运营管理提供数据基础与支撑。

2. 多通信技术的相互融合

充分利用融合 5G、C-V2X、DSRC 等多种先进通信技术，构建多网融合的交通信息通信网络，实现公路交通基础设施、公路交通参与者、公路道路、公路服务与管理平台间的实时高效信息互通，打通"人-车-路-网-云"五大要素连接，提供广覆盖、低时延、高可靠、大带宽的网络通信服务。

3. 交通数据的综合共享

促进人、车、路、网、云大数据融合，实现跨层级、跨地域、跨系统、跨部门、跨业务的数据共享、协同管理和一体化服务，挖掘交通大数据的潜在价值，建立健全大数据辅助科学决策机制，持续进行综合大数据业务创新，为数据运营提供基础数据支撑。

4. 智慧多样的业务应用

充分利用智能终端、全面的感知网络、多元异构的传输网络及先进的软硬件平台，升级完善地理信息服务平台、三维信息处理平台、建设省级视频整合的云平台、交运部门人员权限管理平台、数据应用支撑平台、数据库软件、公路数据分析平台、公路可视化基础设施管理平台、智能网联平台等，使得智慧高速公路系统的业务应用更加多样、智能。

5. 个性多元的服务应用体系

针对公路运营、管理及社会大众的不同需求，建设多层次智能化应用体系，包括建设大数据支撑的交通控制、管理、决策、服务一体化的信息共享、全程可视、智能可控的智能公路管理系统；建设交通安全智能分析判别体系，提升高速公路主动安全水平；构建交互式公众交通信息服务体系，包括车路交互平台、公共服务平台、智能应用终端、管理控制平台等，提供安全辅助驾驶、无感支付、高清娱乐视频及其他多样化、个性化的行车服务，全面提升大众行车安全、效率与体验。

8.1.2　智慧交通系统发展情况

1. 国外智慧高速公路发展情况

欧美等发达国家早在 20 年前就已进入"后建设"时代，近 10 年随着信息、通信和传感技术的发展，纷纷提出了第五代道路、合作式智能交通、互联车辆及智慧高速等面向高速公路智能化的发展战略，并开展了大量的技术研发和示范推广工作。

美国的公路智能化发展主要从两大方面展开：一是面向运营管理，各州纷纷启动了智慧通道（Smart Corridor）的建设；二是面向车路合作，开展了互联车辆（Connected Vehicle）计划。其中，智慧通道主要包括区域通道级高速公路的主动交通管理和面向运输车辆的车队管理、车辆信息服务等。互联车辆计划通过利用专用短程通信技术（DSRC），实现车车、车路的交互与协同，确保车辆在高速公路上的高效、安全行驶。

与美国的发展模式类似，欧洲也开展了以主动交通管理为主要特征的 Easyway 项目和合作式智慧高速公路系统（C-ITS，Cooperative ITS）战略。Easyway 项目以欧洲跨国高速公路的信息共享和协同调度为主要目标，开展了区域出行者信息服务、主动交通管理服务及货运和物流服务。而 C-ITS 战略主要面向车车/车路合作，开展技术、标准和试验验证。为进一步加强合作，深化发展，荷兰、德国、奥地利开展了 ITS 走廊（ITS Corridor）的跨国高速公路示范工程。

日本在整合高速公路 ETC 系统、VICS 系统基础上，提出了 ETC2.0 战略，该战略以基于 DSRC 的车路交互技术为核心，整合车内智能终端，通过在高速公路上设置路侧热点（ITS SPOT）实现了收费、信息服务和车车、车路交互等功能，建立面向安全、管理和服务的开放平台。

韩国于 2008 年提出并实施了 Smart Highway 项目，该项目共提出了安全驾驶辅助、车路高速通信服务、面向用户的便捷服务，综合考虑了道路设施的智能化和多种通信模式下的车车、车路交互等服务，还包括了 6 项信息化基础设施和 9 项关键技术的战略计划。

发达国家的智慧高速公路系统主要特点有：

（1）信息获取和发布商业化

以互联网企业为主的私营机构逐渐占据了信息采集和服务领域的主导地位。INRIX、TomTom 等企业利用互联网数据开展了大量分析工作，并以此推出了覆盖几十个国家的个性化信息发布业务。近期，结合智能穿戴技术的发展，信息发布服务已具备了融合车载导航、智能手机甚至可穿戴设备的能力，基于智能终端的智慧交通服务体系已经具备一定的发展规模。

（2）重视高速公路车路交互技术

日本依托广泛的 ETC 系统平台，开发了兼容 ETC 系统和 VICS 信息服务功能的 ITS SPOT 系统，实现了车车/车路的高效、安全通信。欧美国家在 ETC 应用方面并无规模化应用，但 DSRC 通信协议、安全机制的标准化及车车/车路合作一体化测试验证等方面开展了大量工作。结合未来自动驾驶、无人驾驶车辆的发展，无线交互平台将成为智慧高速为公众提供更加安全和便捷服务的基础。

（3）空基技术对交通运行的支撑作用日渐显现

随着地基高精度定位技术和地图技术的发展，其对运输服务和交通运行管理的支撑功能越来越强大，同时无人机等装备在线形设计、养护检测、日常巡查监测和应急处置方面显示了明显的优势。

2. 国内智慧高速公路系统发展

为推动新一代国家交通控制网及智慧高速试点有序开展，防止试点同质化、碎片化。2018 年 2 月，交通运输部发布《关于加快推进新一代国家交通控制网和智慧高速试点的通知》，划定了北京、河北、吉林、江苏、浙江、福建、江西、河南及广东九个智慧高速试点地区；基础设施数字化、路运一体化车路协同、北斗高精度定位综合应用、基于大数据的路网综合管理、"互联网+"路网综合服务、新一代国家交通控制网六个试点主题。各地智慧高速发展情况如下：

（1）北京

2019 年 7 月，北京大兴新机场高速、大兴机场北线高速正式通车运营，新机场高速公路成为国内首条具备"防冰融雪"功能的高速公路，并通过智慧高速新收费系统、仿真推演与电子沙盘打造智慧管理体系等手段打造成京津冀首条"6+1"智慧高速公路。

（2）河北

延崇高速是国家加快推进智慧高速试点的重点示范项目，沿线配有摄像头、路侧雷达、气象传感器等智能设备。奥迪中国研发团队进行了 L4 自动驾驶及基于 C-V2X（基于蜂窝网络的 V2X）的车路协同演示，无须驾驶人干预，车辆便可自动识别交通标识，并进行相应的车速调整。此外，演示车辆还完成了变道超车、自动减速及紧急停车等动作，使用场景包括限速提示、事故预警、变道辅助及紧急制动预警等十余个。

（3）吉林

"吉林省高速公路智能化示范工程"是交通运输部为贯彻落实"交通强国"和"数字中国"战略目标，加快推进新一代国家交通控制网和智慧高速建设试点项目，确定的"互联网+路网综合服务"方向试点示范工程，旨在提升高速公路管理、指挥调度、运营安全、车路协同、出行服务等智能化水平，提高公路基础设施和运输效率及服务水平。2019年吉林省依托珲乌高速吉林省全线试点工程和长春龙嘉机场连接线，建设完成新一代国家交通控制网和智慧高速示范项目，2020年在全省高速公路推广。

（4）江苏

世界首条"三合一"无线充电智慧高速亮相苏州同里，在国际上首创光伏发电、动态无线充电、无人驾驶三种先进技术的融合应用，并设有 LED 智能引导标识、电子斑马线、多功能路灯等智慧交通设备。《江苏"智慧高速"信息化支撑关键技术研究》科技项目结合江苏智慧高速建设的总体要求，对其中支撑层所涵盖的公路云、公路大数据、公路数据管理、公路移动应用和公路外场监测设备管控等关键技术开展了深入研究，研究成果对于支撑江苏"智慧高速"信息化建设具有重要指导意义。

（5）浙江

2018 年 3 月，浙江省交通运输厅在杭州组织召开了《杭州绕城西复线智慧高速试点项目实施方案》评审会。2018 年 7 月，杭州板块智慧高速试点示范项目杭州绕城西复线实施方案成功获省交通运输厅批复。2019 年 4 月，杭绍甬智慧高速工程跨曹娥江大桥绍兴滨海侧栈桥先行工程获批，该工程是杭绍甬智慧高速关键性节点工程，标志着杭绍甬智慧高速先行工程全面启动。杭绍甬智慧高速设计时速预计将突破 120km/h，支持自动驾驶、边通车边无线充电等"未来科技"。

（6）江西

2017 年 12 月，江西省首条智慧高速公路——宁定高速公路建成并试运营。在高速公路沿线枢纽分布着交调站，可对车流情况进行实时监测。在重点路段的隧道、高边坡等处布设了监测系统，能够准确监测安全运行情况。此外，这条高速公路上还运用北斗卫星技术，整合报警手机定位、路况预判等功能，实现对交通事故的快速处置。2019 年 5 月，依托昌九高速公路改扩建工程，江西省新一代国家交通控制网和智慧高速示范工程——新祺周到永修收费站近 10km 路段，成为国内首条面向国家交通控制网的智慧高速，形成终端产品及标准、云平台和运营管理等成套技术体系。

（7）河南

2019 年 6 月，关于河南省新一代国家交通控制网和智慧高速试点工程（普通干线公路）工程设计文件的批复，主要建设内容为省级完善路网运行监测及应急处置设施、建设网络和信息安全系统、公路感知服务网、完善应用平台支撑及综合信息管理系统。2019 年 7 月，河南省新一代国家交通控制网和智慧高速试点工程（机西高速公路）详细设计批复，建设以基础设施数字化和基于大数据的路网综合管理为重点的"231"（2 套数字化体系，3 套应用系统，1 个云数据中心）智慧高速公路。

（8）广东

2018 年 6 月，深圳市交委将侨香路作为深圳首条智慧道路，采用了物联网、大数据以及人工智能等新技术，完善了道路的感知、管控与服务设施，构建智能化的设施管养和交通治理体系。目前，广东省已建成省交通数据中心并实现了信息资源整合，在省公路交通数据中心的基础上，建成了统一的省交通数据中心和省交通系统（云浮）数据备份中心，并提供主题分析和决策支持服务，搭建了省交通 GIS 公共服务平台。基本建成了覆盖高速公路、国省干线公路重点路段、两客一危车辆等动态运行监测体系。公路、道路运输、综合执法等管理部门开展了大量的信息化建设工作。建设高速公路不停车收费、公交一卡通、客运联网售票、交通服务热线、交通综合信息发布 APP 等系统并进行推广应用，全省面向社会公众、企业的公共信息服务水平显著提升。

8.2 | 智慧高速公路系统框架

8.2.1 智慧高速公路系统总体架构

智慧高速公路系统总体架构以业务为主线，数据为核心，融合人车路云网，建设可持续迭代的感知、控制、协同、管理、服务五个核心子系统。子系统之间互为支撑、反馈、决策、呈现，循环交互。总体逻辑架构如图 8-1 所示。

智慧高速公路
系统逻辑框架

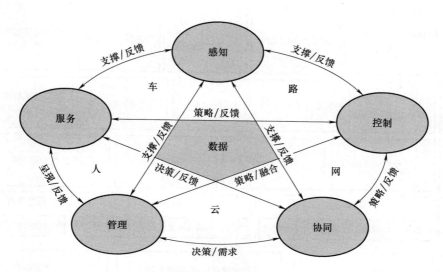

图 8-1 总体逻辑架构

1）感知系统获取数据，整合不同来源，提供各类分析所需的基础数据。

2）控制系统处理数据，给出交通管控所需的车速车道建议。

3）协同系统分发数据，面向不同的驾驶者，提供不同的信息交互方式。

4）管理系统维护数据，搭建云控平台，既面向管理者提供决策分析能力又面向网联车辆提供协同计算平台。

5）服务系统分析数据，面向交通参与者，提供丰富多样的应用工具。

8.2.2 智慧高速公路系统构成

智慧高速公路系统是依托 5G、车路协同、北斗高精定位技术及 AICDE 能力，打造"车-路-边-管-云"一体化 5G 智慧高速公路系统。基于视频监控设备、毫米波雷达、激光雷达、气象传感器及智能信息情报板组成的全面交通信息感知交互网络，基于 5G、C-V2X、北斗等多信息技术融合的传输网络，利用高精度定位平台、人车路协同平台、视频联网云平台、地理信息服务平台、基础设施管理平台五大能力平台，为用户及管理者提供多层次、智能化、可扩展的应用体系，满足公路"运-管-养-用"多层次需求，并为智能网联汽车及车路协同自动驾驶提供路侧感知辅助及决策支撑。智慧高速公路系统构成图如图 8-2 所示。

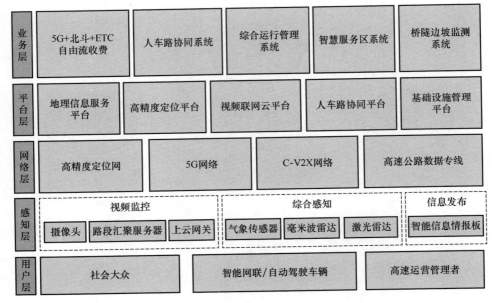

图 8-2   智慧高速公路系统构成图

8.3 智慧高速公路系统的关键技术

8.3.1 视频云技术

在不改变原有高速公路视频管理系统架构的基础上，以云计算技术为支撑，采用扁平化的架构思想，利用互联网成熟的分布式技术架构、服务动态扩容、视频海量分发、数据高速缓存等技术，实现省级公路视频云联网平台的云端应用，达到视频资源的秒级调看与高并发访问。

智慧高速公路系统的关键技术

高速交通视频云平台的应用架构充分采用云计算技术，底层使用 IaaS 基础设施相关技术，利用云上服务器、存储及网络设施，形成可伸缩、高安全性、低维护量的存储资源池和计算资源池；中间层采用 PaaS 基础平台相关应用，使用 MySQL 开源数据库、负载均衡器、消息中间件等平台应用来构建信息系统；上层结合业务需求调用各项 SaaS 服务，实现更加灵活丰富的监控视频联网应用模式。

在视频汇聚点开通互联网专线宽带，部署视频上云网关和防火墙设备，打通视频汇聚点与省级云平台间及省部级云平台间的上云网络，开通安全加密传输通道，云平台和汇聚点的交互信息网络隧道，保证数据的安全。省级云平台部署在云端的 VPC 里，构建出一个隔离的、自行管理配置策略的虚拟网络环境，保证数据资源的安全性，在 VPC 环境中管理私有的子网结构、IP 地址范围和分配方式、网络的路由策略等，形成可控的私有的云计算环境。省级云平台的 ELB 服务采用高性能集群，能够支撑高并发用户访问，网络服务支持跨区域容灾，当某区域内发生故障，可迅速切换至另一个区域。

为了应对大量视频监测资源的同时接入与庞大的用户访问，省级云平台分别部署在云端同城的不同可用区内，应用层程序与数据库部署在多个异地可用区。通过 DNS 解析到弹性公网的 EIP 上，并将 EIP 绑定到多可用区部署的负载均衡集群，当业务需要从一个可用区迁移到其他可用区时，无须做 DNS 切换，公网 IP 地址保持不变，负载均衡集群将业务自动分配给正常的可用区里的应用服务器。数据库自动进行主从切换，将正常可用区里的库作为主库，保证整个业务系统的正常运行。

8.3.2　人车路协同

人车路协同以提高驾驶安全性、交通效率及提升用户体验为目标，形成车、基础设施及人的互联，提供以汽车行驶安全、交通效率提升和信息服务为主要应用场景。路侧传感设备感知到的道路状况、决策信息可以通过 5G 网络、车路协同网络及有线网络实时传输至人车路协同平台，再由车路协同平台通过 5G 网络或车路协同网络实时下发至用户终端，结合智能终端应用程序，实现辅助驾驶应用场景业务通信侧端到端的连通，提供动态道路危险状况预警、异常天气预警、5G 超视距透视、匝道合流辅助等 5G+车路协同辅助驾驶应用，全面提升高速公路车辆交通安全和路网通行效率。

人车路协同平台以 C-V2X 为核心，融通"人-车-路-网"四要素，具有设备监控与管理，数据采集、清洗、分析，信息上传与下达，智慧交通应用支撑等功能，提供安全高效的信息服务。人车路协同平台综合利用路侧全息感知网络设备，将采集的交通信息进行融合分析，形成对交通状况的全面感知，包括交通流量的时空分布、交通事件检测及路面状态和环境状况；再将感知数据分析计算结果通过 5G 网络或 C-V2X 网络下发给车辆，提供车路协同安全预警服务，并为自动驾驶提供感知及决策支撑。

在安全防护技术方面，车路协同平台重点支持车联网通信（包含车车、车路、车云等）、车联网服务的安全，并在各个环节都贯穿数据安全和隐私保护，采用证书、密码技术和可信计算，构建可信的车路/车车通信。基于PKI证书系统实现，构建 CA 证书管理系统，确认用户身份，保护用户隐私，为设备实现提供基础安全保障，防范假冒车辆终端、假冒基础设施，或通过阻断、伪造、篡改、重放通信消息等破坏消息的真实性的行为，避免影响车辆驾驶安全，确保正常车路协同系统运行。智能人车路协同如图 8-3 所示。

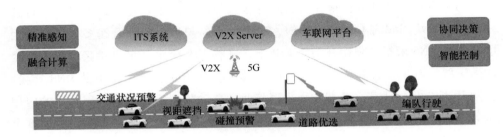

图 8-3　智能人车路协同

1. V2X 车路协同技术

V2X（Vehicle to Everything）是车与外界进行信息交换的一种通信方式，包括车与车之间的直接通信（V2V）；汽车与行人通信（V2P）；汽车与道路基础设施通信（V2I）以及车辆通过移动网络与云端进行通信（V2N）。C-V2X 是基于 3GPP 全球统一标准的通信技术，包含 LTE-V2X、5G-V2X 及后续演进。C-V2X 技术基于蜂窝网络，提供 Uu 接口（蜂窝通信接口）和 PC5 接口（直连通信接口），可复用蜂窝网的基础设施，部署成本更低、网络覆盖更广，在更密集的环境中，C-V2X 支持更远的通信距离、更佳的非视距通信性能、增强的可靠性（更低的误包率）、更高的容量和更佳的拥塞控制，拥有清晰地、具有前向兼容性的 5G 演进路线，利用 5G 技术的低延时、高可靠性、高速率、大容量等特点，不仅可以帮助车辆之间进行位置、速度、驾驶方向和驾驶意图的交流，而且可以用于道路环境感知、远程驾驶、编队驾驶等方面。

2. 5G 车路协同技术

5G 车路协同是 5G、C-V2X 先进无线通信和全面交通感知、人工智能等技术的结合，实现车车、车路、车云动态实时信息交互，全时空动态交通信息采集与融合。5G车路协同的应用能够突破当前公路行业在交通数据采集实时性、全面性、车与路协同互通的难点。一方面通过广覆盖、低时延、高可靠、大带宽的网络通信，提供危险预警、路网状态等车路协同辅助驾驶服务，提升高速公路交通安全、路网效率及大众出行体验；另一方面，以网络能力及数据能力，实现信息共享、全程可视、智能可控的智慧高速管理，提升公路交通管控与运营效率，加快推进新一代国家交通控制网建设。另外，智能化的路侧设施、高速安全的多元通信网络能够为自动驾驶提供有力支撑。

8.3.3　高速公路高精度定位

智能高速公路的高精度定位以北斗卫星导航系统为主，GPS、GLONASS及Galileo系统为辅，依托完善的运营服务机制、可靠的信息安全体系，将高精度位置服务，大用户量并发访问服务相结合，提供可信位置服务，为范围内用户提供全天候、全天时、高精度的定位、导航和授时服务，同时可在区域范围内提供实时亚米级、厘米级和后处理毫米级高精度定位服务。依托5G传输优势、边缘计算技术，将RTK高精度定位实现方式从终端升级到边缘云，以降低终端功耗及成本，提高定位精度，如图8-4所示。

1. 北斗高精度定位

北斗卫星导航系统是我国着眼于国家安全和经济社会发展需要，自主建设、独立运行的卫星导航系统，是为全球用户提供全天候、全天时、高精度的定位、导航和授时服务的国家重要空间基础设施。随着北斗系统建设和服务能力的发展，相关产品已广泛应用于交通运输、海洋渔业、水文监测、气象预报、测绘地理信息、森林防火、通信时统、电力调度、救灾减灾、应急搜救等领域，逐步渗透到社会生产和人们生活的方方面面，为全球经济和社会发展注入新的活力。

（1）基本导航服务

为全球用户提供服务，空间信号精度将优于0.5m；全球定位精度将优于10m，测速精度优于0.2m/s，授时精度优于20ns；亚太地区定位精度将优于5m，测速精度优于0.1m/s，授时精度优于10ns，整体性能大幅提升。

（2）短报文通信服务

我国及周边地区短报文通信服务，服务容量提高10倍，用户机发射功率降

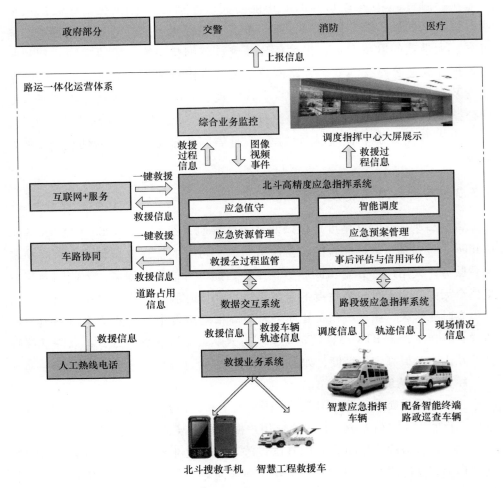

图 8-4　高速公路高精度定位

低到原来的 1/10，单次通信能力 1000 汉字（14000 比特）；全球短报文通信服务，单次通信能力 40 汉字（560 比特）。

（3）星基增强服务

按照国际民航组织标准，服务我国及周边地区用户，支持单频及双频多星座两种增强服务模式，满足国际民航组织相关性能要求。

（4）精密单点定位服务

服务我国及周边地区用户，具备动态分米级、静态厘米级的精密定位服务能力。

（5）高精度定位在智慧高速的应用

一方面能够为道路上行驶车辆、辅助驾驶、自动驾驶车辆提供精准定位导航服务，加强车路协同应用服务的精准性。另一方面能够运用在智慧停车场、车辆管理、物流货运及桥隧边坡监测。

2. 高精度交通 GIS 地图

GIS（地理信息系统）指的是用于采集、存储、处理、分析、检索和显示交通元素相关的空间数据的计算机系统。与普通地图相比，GIS 具备的先天优势是将数据的存储与数据的表达进行分离，因此基于相同的基础数据能够产生出各种不同的产品。精确到厘米的高精度交通 GIS 地图，基于云服务架构，结合物联网等技术，全面整合高速公路基础设施、外场设备采集数据、车辆定位数据、收费流水数据等，对道路监控、车辆动态管理、事件应急处置的综合集成化呈现，通过对海量数据的整合处理、挖掘分析与知识发现，为应急指挥、领导决策、公众参与提供服务。提供数据加载、数据转换、类型转换、数据浏览和编辑、地图制作、场景操作、布局排版等功能。提供空间数据库引擎 SDX+，提供地图服务、空间数据访问与管理、智能缓存技术，还提供集群服务。提供在线实现高级网络分析功能，当发生交通突发事件时，实现事件地点最新视频监控画面自动调取，匹配最近应急资源（人员、车辆、物资等），对事件全程监控并提供快速有效的处理辅助手段。

8.3.4　高速公路安全辅助驾驶

在高速公路交通安全问题日渐凸显的情况下，交通事故严重危害人民群众生命财产安全。根据交通事故发生前车辆行驶状态，运用高速公路交通事故调查和研究的数据，通过分析高速公路交通事故发生前车辆制动状态、偏移状态和偏转状态，确定车辆异常行驶预警参数阈值，动态评价车辆异常行驶风险。高速公路安全辅助驾驶，主要对高速公路出口异常行驶车辆进行预警，对高速公路合流区异常行驶车辆进行预警，对高速公路车道级事故事件进行预警及高速公路数字化车道控制等，如图 8-5 所示。

图中，RSU 为路侧通信设备，是在高速公路路侧安装的实现车辆身份识别、电子扣分的装置。MEC 为路侧边缘计算终端，感知融合和车辆轨迹预测，再将预测结果分发给联网车辆，实现合流区碰撞预警、合流区匝道管控、变道辅助、车速引导等功能。CCU 为中央控制器单元。

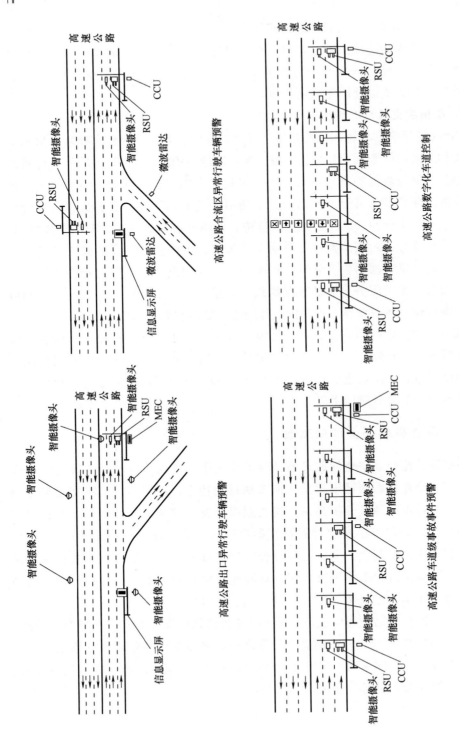

高速公路合流区异常行驶车辆预警

高速公路出口异常行驶车辆预警

高速公路数字化车道控制

高速公路车道级事故事件预警

图 8-5　高速公路安全辅助驾驶

8.3.5　高速公路智慧服务区

智慧服务区主要功能有：服务区车辆流量监测和统计，可根据车辆识别数据统计出任意时间段内服务区出入口车流量，精确统计出不同车辆类型的数量，以及每一辆车或每一类车辆在服务区的滞留时间。两客一危车辆识别：利用智能摄像机自动分析识别两客一危车辆，通过诱导屏对车辆进行重点停车引导和车辆监控，确保安全运行。逃费车辆监控和识别：根据车辆识别数据对服务区出入口车辆特征比对，对换牌、甩挂等逃费行为进行识别取证，并将可疑车辆加入联网收费系统黑名单进行布控，当车辆再次进入或者驶离收费车道时，由高速公路运营管理单位进行逃费稽查处理等。

高速公路智慧服务区系统主要由服务区出入口系统、服务区广场全景监控系统、服务区客流监测系统等构成。服务区出入口系统对进出服务区的车辆进行车型分析指引两客一危车辆进入指定区域，重点对货车出入口特征进行比对和分析并上报到平台；服务区广场全景监控系统通过超广角监控和低感光夜视效果对整体服务区进行事件监测和预警上报；客流监测系统对人流密集区域进行客流量统计和人脸抓拍识别，对客流量进行预警监测和可疑人员预警；智慧服务区管理平台进行各个部分信息的收集整理并对信息通过平台或者手机进行预警发布，如图8-6所示。

8.3.6　高速公路地理信息服务

智慧的时代，更注重全民信息参与和共享。借助高速的无线网络传输系统，以地图数据为基础，以云服务为核心，对公众提供在线地理信息数据服务，提供地图展现、地图应用、地图服务、数据存储等多种开发接口，可满足高速公路在线运营需求的地图服务功能和车路协同、车辆调度用的导航功能，并预留地图数据扩展接口；地理信息服务云平台的核心引擎主要包括地图引擎、地理编码引擎、逆地理编码引擎、实时路况引擎、配图引擎、路网分析引擎等，高效的引擎提高了平台的各项服务的性能，并为基于地图服务平台开发的应用提供了可靠的保障。地理信息服务提供可增值开发与公众衣食住行相关的专题信息服务，如专题地图查询、实景导航、沿线配套服务、区域社交互联、交通疏导、应急指挥等，为公众提供更为丰富、翔实、便捷的高速公路地理信息服务，实现全国多尺度、多类型高速公路地理信息资源的综合利用和在线服务，逐步以技术手段消除信息孤岛，从而使公众用户能够享受到更全面、更完整、更详细、更准确的高速公路地理信息共享服务。

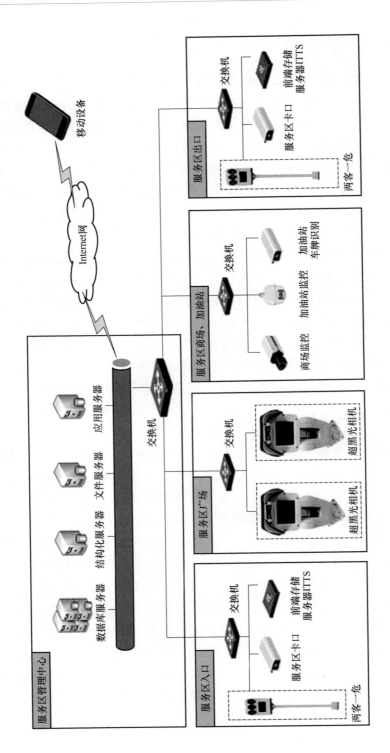

图 8-6 高速公路智慧服务区

高速公路地理信息服务提供高速公路精准导航、AR 导航服务。基础地理数据包括行政区划分、道路、POI（兴趣点）、水系、绿地、房屋、铁路等数据图层，含有空间位置地理坐标信息。导航数据产品是在基础地理数据的基础上增加路网、POI、交通规则等数据，为用户提供目的地查询、路线选择、规划和导向等地图应用服务。公众用户可实时在线查询、定位、推送高速公路沿线的交通服务设施和兴趣点。AR 实景导航，基于已经采集制作的高精度实景地图，通过车载或手机等移动终端，能快速实现增强现实的导航服务体验。有别于三维虚拟影像导航，AR（增强现实）导航能够随时随地进行定向定位，辅助驾驶和行驶。

8.3.7　高速公路大数据管理

信息时代将大数据技术与高速公路管理工作深度融合，是我国公路事业发展的必然趋势。基于大数据、物联网、人工智能等技术，构建智慧高速公路交通运营管理系统，既能进一步减轻公路管理人员的压力，同时也能为驾乘人员提供更好的出行服务。

大数据数据管理在高速公路领域的应用主要体现在：

1）通行费征收：收费额度排名，收费构成分析，ETC/MTC 分析，通行量/通行费统计分析，偷逃费行为识别和预防。

2）出行服务分析：路况与施工发布，特殊天气提醒，辐射资源提示，交通旅游，人口流动与出行预测。

3）运营提升：道路与设备的养护，成本效益评估分析，服务区评估，高速公路经营分析、高速公路工程建设与投融资。

4）高速公路公共属性：堵点评估，疏导路径，高速公路应急救援（交通疏导、人员救治、危化品应急处理），现场实时视频，事故多发地关联分析与事故预防。

大数据数据管理在高速公路领域的主要应用方向：

1）关键指标统计分析与展示：客货运量、周转量及其时间和空间的分布、统计排名；通行规费收入及其时间和空间分布、统计排名；各路段拥堵系数；交通事故发生率及其时间空间分布、统计排名。

2）具体车辆和事件分析：拥堵分析，包括拥堵疏导和拥堵原因；事故分析，指导路径规划和警示标志设置；车辆通行异常，包括速度时间不匹配、入口出口车牌不符及高速路违法行为，整治秩序，追捕逃费。

3）挖掘高速公路通行宏观规律：总结交通事故规律，探索提升安全管理途径；通过高速公路出行数据，分析人群流动方向和规律，出行规律与支付习惯；分析高速机电设备故障损耗规律，提升养护效率，降低成本。

4）探寻高速公路数据的经济价值：高速公路客运/货运指数，探索高速公路客货物流与相关经济要素的关系，对比高速公路通行与其他交通方式的关联关系，经营分析，工程建设与道路养护等成本投入，经济效益关联分析，高速公路建设企业信用评估。

高速公路大数据平台共分为五层，分别是：基础运行环境、高速大数据交换汇集平台、高速公路大数据治理平台、高速公路大数据分析平台、高速公路大数据门户。最底层数据源，包含高速公路的卡口数据、养护数据、人力资源数据、财务数据、设备参数、服务区相关数据、子公司数据等；上一层是数据采集、数据治理、存储、智能分析、可视化；最顶层是具体的应用实现。常用的应用场景介绍如下：

（1）拥堵治理

目前，收费站受信息滞后、不可预见等因素制约，多数情况下在已经出现了车辆拥堵情况，才采取相应的应急措施，不仅无法满足客户快速通行的基本需求，而且车辆拥堵导致通行秩序混乱，容易发生车辆剐蹭事故，引发驾乘人员投诉，顾客满意率降低。通过平台处置改善：

1）收费站可以根据小时流量和周流量高峰的统计分析，预见性地开启相应车道，提高车辆通行速度，避免拥堵。

2）平台可根据应急处置状况和车辆拥堵持续情况，智能化提示应急措施。

① 如根据车道开启状况信息，提醒增派人员、增开车道。

② 若车道已经全部开启，提醒采取客货分流，启用便携机或一岛双亭的应急处置措施，同时提醒发布车辆拥堵信息。

③ 若车辆拥堵持续无法得到缓解，提醒采取其他站点分流，或启动紧急收费模式的应急措施，或引导车辆前往相关服务区，提升用户体验，确保车辆拥堵情况得到快速处置。

3）根据日常车辆拥堵情况及应急预案启动次数情况的统计分析，在人力资源配置方面，根据所辖站点收费人员总体情况及车流通行状况，给出人力资源最优配置方案，降低人力资源成本。

（2）物流分析

不同于市场上的货运 APP，高速公路大数据平台不以收取平台使用费为目的，而是为了引车上路，拓展服务区经营等其他相关增值服务。

通过对车辆通行数据的分析，提取货运车辆 OD 信息，可推算出车辆的载重情况。与第三方合作，获取货运需求，根据地理位置、载重能力、行车路线等将货物与货车进行合理匹配，对空载车辆实施物料信息推送，充分发挥通行数据的价值，降低空载率对环境带来的影响。

（3）辅助养护决策支持

养护资金的分配由按公里固定分配转向按道路承载损坏状况分配，从而实现精细化管理，基于收费数据的高速公路道路养护辅助决策有：

1）车辆对路面的轴荷作用是影响公路使用寿命的关键因素之一。

2）利用收费数据能够全面分析高速公路上行驶车辆的轴荷分布。

3）预测道路的使用寿命和损毁程度等。

4）科学制订养护计划，减少养护成本，为道路养护提供辅助决策。

大数据与高速公路管理的深度融合是我国大力发展智慧交通的必由之路。当前基于大数据的高速公路交通运营管理系统已经进入试点应用的阶段，从实际应用效果来看，已在公路运营管理和公众出行服务之间达到统筹兼顾。对于公路管理部门来说，依托该系统实现对路况信息的实施监管，可对逃费车辆做到稽查追踪，在保障高速公路通行率、维护公路管理部门运营效益等方面发挥积极作用；对于车辆驾乘人员来说，能够获得更加便捷的出行服务，通过实时播报路况，了解前方交通状况，以便于合理规划行车路线。下一步，还要从技术层面完善智慧高速公路交通运营管理系统，特别是要优化拓展应用功能、系统运行稳定等方面，从而在高速公路综合管理方面发挥更加出色的作用。

复　习　题

1. 智慧交通系统的主要特征有哪些？

2. 智慧高速公路系统体系框架主要包括哪些内容？

3. 智慧高速公路系统的主要关键技术有哪些？

4. 人车路协同的主要目的和意义？

5. 高精度定位在智慧高速公路系统的应用有哪些？

6. 高速公路智慧服务区主要功能有哪些？

7. 地理信息服务云平台的核心引擎主要包含哪些引擎？

8. 大数据数据管理在高速公路领域的应用主要体现在哪些方面？

参考文献

［1］方守恩，等. 高速公路［M］. 3 版. 北京：人民交通出版社，2011.

［2］廖明军，等. 高速公路［M］. 北京：中国质检出版社，2013.

［3］郗恩崇，等. 高速公路概论［M］. 北京：人民交通出版社，2005.

［4］赵书玲，等. 高速公路建设与管理［M］. 广州：中山大学出版社，2011.

［5］王选仓，等. 高速公路管理［M］. 2 版. 北京：人民交通出版社，2013.

［6］交通运输部. 中国高速公路建设实录［M］. 北京：人民交通出版社，2017.

［7］中国水利水电第十一工程局. 高速公路工程施工技术与实例［M］. 北京：中国铁道出版社，2017.

［8］李伟，等. 高速公路规划与设计［M］. 北京：机械工业出版社，2012.

［9］冉斌，等. 智慧高速公路理论与实践总论［M］. 北京：人民交通出版社，2015.

［10］付元坤，等. 高速公路设计与施工技术研究［M］. 北京：中国石化出版社，2022.

［11］张雁，等. 高速公路［M］. 北京：中国林业出版社，2009.

［12］张玉峰，等. 高速公路工程施工技术与实例［M］. 北京：中国铁道出版社，2017.

［13］王志强. 高速公路路基施工技术与质量控制［J］. 物流工程与管理，2015，37（3）：214-215.

［14］马子媛. 西北地区高速公路沥青路面预防性养护决策及后评价研究［D］. 兰州：兰州交通大学，2022.

［15］付洋. 高速公路路面养护管理研究：过程优化与效益分析［D］. 大连：东北财经大学，2021.

［16］覃悠泰. 高速公路路基路面排水施工技术设计［J］. 大众科技，2022，24（8）：19-21.

［17］姚志伟. 高速公路路基施工技术要点分析［J］. 工程技术研究，2020，5（10）：63-64.

［18］胡锐. 公路沥青路面施工关键技术［J］. 交通世界，2021（30）：110-111.

［19］王玉文，廖志鹏，等. 公路隧道照明节能关键技术［M］. 成都：西南交通大学出版社，2021.

［20］马蕾. 大型工程项目融资风险管理研究［D］. 南昌：华东交通大学，2022.

［21］雷代桂. 中国高速公路项目 REITs 融资模式研究［D］. 北京：北京外国语大学，2022.

［22］张万霖. 高速公路车辆通行费收费问题研究［D］. 武汉：华中师范大学，2021.

［23］郝韵. 地方政府在高速公路 BOT 项目实施中的监管问题研究 ［D］. 成都：电子科技大学，2022.

［24］四川省交通运输厅. 四川高速公路建设实录 ［M］. 北京：人民交通出版社，2019.

［25］田平. 公路建设法律法规 ［M］. 北京：人民交通出版社，2007.

［26］陈芳，邱祯国，等. 贵州高速公路环境保护与景观营造技术 ［M］. 北京：人民交通出版社，2015.

［27］李沐宸. 符号学视角下高速公路服务区的室内空间地域性表达研究 ［D］. 济南：山东建筑大学，2022.

［28］杨惠如. 基于河南省地域特征的高速公路景观研究 ［D］. 开封：河南大学，2022.

［29］焦墨雪. 高速公路隧道光色环境视觉特征分析与优化设计研究 ［D］. 天津：河北工业大学，2022.

［30］邱宏，翟国方，等. 高速公路服务区规划理论与实践 ［M］. 北京：中国建筑工业出版社，2016.

［31］石琼，王海洋，等. 高速公路服务区管理理论与实践 ［M］. 北京：人民交通出版社，2018.

［32］李鹏. 高速公路标准化绿色工地建设评价体系研究 ［D］. 郑州：中原工学院，2022.

［33］冉斌，孙兴焕. 智慧高速公路信息采集技术与应用 ［M］. 北京：人民交通出版社，2016.

［34］刘书套，等. 高速公路环境保护与绿化 ［M］. 北京：人民交通出版社，2001.

［35］王洪涛，等. 高速公路边坡养护管理与实践 ［M］. 北京：人民交通出版社，2014.

［36］于泉，李美涛，梁锐，等. 高速公路智能交通系统 ［M］. 北京：人民交通出版社，2018.

［37］王伟杰. 5G 技术在智慧高速公路中的应用场景初探 ［J］. 海峡科学，2021（11）：93-95.

［38］王豫炜. 智慧高速公路的设计与实践 ［J］. 建筑结构，2019，49（S2）：984-987.

［39］徐东彬，陈昕. 智慧高速公路演进及发展探究 ［J］. 中国交通信息化，2022（1）：28-32；43.

［40］申霖，鲁一富. 智慧高速公路的内涵及其架构探究 ［J］. 中国高新科技，2021（5）：115-116.

［41］张锦，徐君翔，等. 我国智慧高速公路总体架构设计研究 ［J］. 综合运输，2020，42（2）：1-6；31.

［42］王曙晖. 新基建模式下智慧高速公路总体架构设计 ［J］. 中国交通信息化，2021（5）：96-99.

［43］王少飞. 英国智慧高速公路建设发展的经验与启示 ［J］. 汽车与安全，2020（12）：104-109.

［44］杨长华，余玉杰. 智慧高速公路建设标准化的现状解析 ［J］. 运输经理世界，2020（9）：11-12.

［45］周黎明，何刚，等. 高速公路全要素智能建造关键技术及其工程应用 ［M］. 成都：西南交通大学出版社，2021.